ARBEITSGEMEINSCHAFT FÜR FORSCHUNG
DES LANDES NORDRHEIN-WESTFALEN

GEISTESWISSENSCHAFTEN

118. SITZUNG
AM 24. NOVEMBER 1965
IN DÜSSELDORF

ARBEITSGEMEINSCHAFT FÜR FORSCHUNG
DES LANDES NORDRHEIN-WESTFALEN

GEISTESWISSENSCHAFTEN

HEFT 128

HANS WELZEL

An den Grenzen des Rechts

Die Frage nach der Rechtsgeltung

HERAUSGEGEBEN
IM AUFTRAGE DES MINISTERPRÄSIDENTEN Dr. FRANZ MEYERS
VON STAATSSEKRETÄR PROFESSOR Dr. h. c., Dr. E. h. LEO BRANDT

HANS WELZEL

An den Grenzen des Rechts

Die Frage nach der Rechtsgeltung

SPRINGER FACHMEDIEN WIESBADEN GMBH

ISBN 978-3-663-03086-7 ISBN 978-3-663-04275-4 (eBook)
DOI 10.1007/978-3-663-04275-4

Ursprünglich erschienen bei Westdeutscher Verlag, Köln und Opladen 1966

Unmittelbar nach dem Zusammenbruch des Nationalsozialismus ging der Blick der deutschen Juristen (ebenso wie der der Theologen und Philosophen) auf die Suche nach überpositiven Rechtsgrundsätzen. Man forschte nach einem ideellen Maßstab, der die effektiv-*wirksamen* Anordnungen der obersten Staatsmacht erst zum *verpflichtenden* Recht machen kann, – einem Maßstab, „an dem gemessen das Unrecht Unrecht bleibt, auch wenn es in die Form eines Gesetzes gegossen ist", wie *Radbruch* 1947 schrieb [1]. Diese Nachforschungen führten zu zahlreichen naturrechtlichen Reprisen, von denen die meisten die gleichen konstitutionellen Schwächen aufwiesen, die das Naturrecht schon früher unglaubwürdig gemacht hatten, weil sie allzusehr die eigenen *subjektiven* Wünsche in die Dinge hineintrugen, um sie dann als (scheinbar) *objektive* Normen aus ihnen wieder herauszuholen. Aber auch dann, wenn man von solchen Mängeln absieht, blieb auf jeden Fall ein wichtiger Gesichtspunkt unberücksichtigt: Nach einem rechtsstaatlichen Prinzip, das der Kriminalist Paul Anselm von Feuerbach um 1800 erstmalig formuliert hatte und das Art. 103 unseres Grundgesetzes erneut mit verfassungsrechtlichen Garantien umkleidet hat, darf eine Tat nur dann bestraft werden, wenn die Strafbarkeit *vor* ihrer Begehung gesetzlich angeordnet war: nulla poena sine lege. Es ist also nicht genug damit getan, überpositive Rechts*grund*sätze zu finden, nach denen die im dritten Reich begangenen Untaten Strafe *verdienten.* Um sie heute bestrafen zu können, muß, solange wir an dem Grundsatz nulla poena sine lege festhalten, feststehen, daß sie schon *vor* ihrer Begehung auf Grund *positiver* Rechts*sätze* strafbar waren. Da Hitler sie jedoch auf Grund eines Geheimbefehles nicht nur erlaubt, sondern sogar geboten hatte, geht es in diesen Prozessen primär um den Umfang des positiven Rechts als solchen und nur sekundär um die Frage nach den übergesetzlichen Rechtsprinzipien. Die lichtvollste Antwort auf die zweite Frage trägt zur Beantwortung der ersten nichts bei.

[1] Die Wandlung, 2. Jahrgang (1947), S. 9.

Es ist ein Verdienst *Bockelmanns* [2], hierauf schon im Jahre 1953 aufmerksam gemacht zu haben: Es unterläge, so meinte er damals, keinem Zweifel, daß selbst nach dem geltenden Recht des Nationalsozialismus jede Tötung eines Gefangenen oder politischen Gegners, jeder Schlag usf., eine tatbestandsmäßige, rechtswidrige und schuldhafte Handlung, nämlich Tötung, Körperverletzung, Beleidigung, Sachbeschädigung, Brandstiftung gewesen ist. „Das staatliche Unrecht jener Epoche hat nicht in der Suspendierung der Rechtsordnung, sondern in der Lahmlegung der Strafverfolgungsbehörden bestanden." Ohne diese an entlegener Stelle gemachten Ausführungen Bockelmanns zu kennen, hat vor kurzem (1964) der Rechtsanwalt *Lewald* [3] die gleichen Gedanken wiederholt: „Was einer kaum vollziehbaren Vorstellung als Aufhebung des Strafgesetzes erscheint, ist in Wahrheit der sehr einfache Sachverhalt, daß § 211 StGB, der auch im nationalsozialistischen Staat immer gegolten hat, in den konkreten Fällen der auf Führerbefehl verübten Morde *praktisch* nicht *angewendet* wurde." *Lewald* beruft sich dabei auf eine Unterscheidung, die der Historiker *Hans Buchheim* [4] in seinem Gutachten zum Frankfurter Auschwitz-Prozeß zwischen „normativen" und „außernormativen" Führerbefehlen getroffen hat: die außernormativen Führerbefehle seien die aus einer angeblich geschichtlichen Vollmacht ergangenen Befehle Hitlers gewesen, die wohl eine Treuepflicht erzeugten, welche der Befehlsempfänger durch seinen freiwilligen Konsens mitbegründet hatte, die aber keine Rechtspflicht auslösten. Es habe „zu den Pflichten des überzeugten Gefolgsmannes des Führers gehört, daß er aus weltanschaulicher Überzeugung das geschichtlich Notwendige u. U. auch unter bewußter Verletzung der Gesetze tat und die daraus resultierende Spannung ertrug". Allerdings habe er auch die Gewißheit haben können, daß er deshalb nicht im Namen des Gesetzes werde zur Rechenschaft gezogen werden.

Lewalds Aufsatz war eine Antwort auf Ausführungen von Rechtsanwalt *Roesen* [5], in denen er „aus der Sicht des Verteidigers" die Frage aufgeworfen hatte, ob nicht die Geheimbefehle Hitlers Gesetzeskraft hatten, weil Hitler der allzuständige Inhaber der obersten Staatsgewalt war, der ebensowohl

[2] *Bockelmann*, Gesetzesrecht und autonomes Recht, Vortrag am 7. Oktober 1953 bei den Hochschulwochen für Staatswissenschaftliche Fortbildung in Bad Salzschlirf, Verlag Gehlen, Bad Homburg, S. 13.

[3] Neue Juristische Wochenschrift 1964, S. 1658 (1660).

[4] *Hans Buchheim*, Die SS – das Herrschaftsinstrument, Befehl und Gehorsam, 1965, S. 328 f.

[5] Neue Juristische Wochenschrift 1964, S. 133; dazu *Welzel*, ebenda, S. 521; *Adolf Arndt*, ebenda, S. 487; vgl. auch *Baumann*, ebenda, S. 1403.

neues Recht schaffen wie altes ändern, einschränken oder aufheben konnte. *Roesen*, dessen Aufsatz im In- und Ausland großes Aufsehen und Anstoß erregt hatte, hätte sich dabei auf die noch heute in der Welt im hohen Ansehen stehende Reine Rechtslehre von *Hans Kelsen*[6] berufen können, die seine Ansichten vollauf gedeckt hätte: „Sinnlos ist die Behauptung, daß in der Despotie keine Rechtsordnung bestehe, sondern Willkür des Despoten herrsche... Stellt doch auch der despotisch regierte Staat irgendeine Ordnung menschlichen Verhaltens dar. Diese Ordnung ist eben eine Rechtsordnung. Ihr den Charakter des Rechts abzusprechen, ist nur eine naturrechtliche Naivität oder Überhebung... Was als Willkür gedeutet wird, ist nur die Möglichkeit des Autokraten, jede Entscheidung an sich zu ziehen... und einmal gesetzte Normen mit allgemeiner oder nur besonderer Geltung aufzuheben oder abzuändern." *Kelsen*[7] hat die Konsequenzen, die seine Rechtstheorie für die juristische Beurteilung der nationalsozialistischen Rechtsordnung hat, vor wenigen Jahren noch ausdrücklich bestätigt: „Vom Standpunkt der Rechtswissenschaft ist das Recht unter der Naziherrschaft ein *Recht*. Wir können es bedauern, aber wir können es nicht leugnen, daß es das Recht war. Die Grundnorm kann an der Gegebenheit des Rechts nichts ändern."

Wir müssen zugeben, daß wir es uns mit der Frage nach dem *Recht* (und darauf läuft der Streit um die Rechtsgrundlagen jener Prozesse hinaus) bisher noch zu leicht gemacht hatten. Wir müssen sie auf das Recht in seinem ganzen Umfange erstrecken und sie nicht nur auf seine überpositiven Maßstäbe beschränken, sondern ebenso nachdrücklich auch seine reale, positive Geltung einbeziehen. Gerade angesichts dieser Problematik beklagte es *Adolf*

[6] *Kelsen*, Allgemeine Staatslehre, 1925, S. 335 f. – In diesem Zusammenhang ist auch die Ansicht *Walter Burckhardts* zu erwähnen, daß das Recht in einem sozialistischen Staat nicht in abstrakten Rechtssätzen, sondern lediglich in konkreten Dienstanweisungen bestehen könnte, welche durch Gebote der Rechtssicherheit nicht beengt wären, so daß die befehlende Behörde jederzeit im Einzelfall durch gegenteilige Anweisung aufheben könne, was sie vorher generell angeordnet habe. Allerdings macht Burckhardt im Gegensatz zu Kelsen den entscheidenden Vorbehalt, daß auch die Dienstinstruktionen des sozialistischen Staates unter der Idee der Gerechtigkeit stehen müßten. Vgl. *Walter Burckhardt*, Methode und System des Rechts, 1936, S. 220 ff.

[7] *Kelsen* bei *Franz Martin Schmoelz*, Das Naturrecht in der politischen Theorie (Internationales Forschungszentrum für Grundfragen der Wissenschaft in Salzburg) 1963, S. 148.

Merkel[8] schon 1890, daß die Frage, was die verpflichtende Kraft der Rechtsbestimmungen *sei* und wovon sie abhänge, bisher nur ein geringes wissenschaftliches Interesse gefunden habe im Gegensatz zur Frage, wovon die Verpflichtungskraft *vernünftigerweise* abhängen oder als abhängig gedacht werden *sollte*. Merkel machte dafür den vorherrschenden „idealistischen" Charakter der bisherigen Rechts- und Staatsphilosophie verantwortlich, wobei er vornehmlich an die Naturrechtslehren und an die metaphysischen Systeme des deutschen Idealismus dachte. In der Tat hatte diesen die *Wirklichkeit* ihrer Vernunftprinzipien vermöge der von ihnen postulierten Identität von Vernunft und Wirklichkeit kein spezifisches Problem geboten. Allerdings hätte sich die Notwendigkeit, die Kriterien der *Realität* und *Positivität* eines Rechts festzustellen, auch *unabhängig* davon aus dem Grundsatz nulla poena sine lege ergeben, der sich im Laufe des 19. Jahrhunderts in allen Kulturstaaten durchgesetzt hatte. Aber hinzu kam eben *auch* der Niedergang der idealistischen Gedankenwelt, der in der ersten Hälfte des 19. Jahrhunderts nacheinander das Naturrecht, den deutschen Idealismus und schließlich auch die Volksgeistlehre der historischen Schule zum Erliegen brachte. Dieser Niedergang hatte zwei einander gegenläufige Konsequenzen: Einmal wurden die vordem wenig beachteten *realen* Fundamente des Rechts – die Elemente seiner „Effektivität" – zum besonderen Problem, zweitens aber schwanden aus dem Rechtsbegriff – allmählich immer deutlicher werdend – die „ideellen" Faktoren der „Normativität", „Legitimität" und Verpflichtungskraft.

Dies zeigte sich frühzeitig schon im Jahre 1813 in der Jugendschrift *Carl Theodor Welckers*[9], die die Grundlage der später sog. individuellen Anerkennungstheorien legte. *Welcker* nahm im bewußten Gegensatz zur herrschenden Philosophie seiner Zeit (1813) und in erstaunlicher Originalität die erst rund 100 Jahre später zum vollen Durchbruch gelangenden relativistischen Gedankengänge vorweg: Es gibt keine objektive Allgemeingültigkeit der durch die Vernunft gewonnenen Erkenntnisse und Einsichten; jeder Mensch, befangen in der Individualität seiner sinnlichen Erscheinung, kann das Absolute nur durch seine Individualität und durch die Grade seiner

[8] *Adolf Merkel*, in: Holtzendorffs Enzyklopädie der Rechtswissenschaft, 5. Aufl., 1890, Bd. 1, S. 13, 89 f.

[9] *Carl Theodor Welcker*, Letzte Gründe von Recht, Staat und Strafe, 1813. – Welcker rechtsphilosophisch „wiederentdeckt" zu haben, ist das Verdienst von *Hans-Ludwig Schreiber*, Der Begriff der Rechtspflicht, 1966.

Geistes- und Gemütskräfte modifiziert und bedingt erfassen. Alle irdische Wahrheit ist nicht absolute, sondern nur relative Wahrheit, sie kann nie auf Allgemeingültigkeit Anspruch machen, wenigstens die nicht, welche nicht wie logische, mathematische und Erfahrungswahrheit auf unabänderlichen Denkgesetzen oder sinnlicher Wahrnehmung, sondern, wie die praktische, auf der innersten Wurzel der Subjektivität, auf Gefühl und Gewissen beruht, welche durch keinen Scharfsinn der Philosophie je zu gleicher allgemeiner Begreiflichkeit gebracht werden kann [10]. Äußerlich an den kantischen Begriff der Autonomie anknüpfend, streift er deren entscheidende Voraussetzung – das objektive Sittengesetz – ab und begreift sie als die durch individuelle Gefühle und Erkenntnisse geleitete Stimme des Einzelgewissens; sie ist die einzige allgemeingültige Gesetzgeberin nicht aller, sondern jedes einzelnen, darum für andere niemals erkenn- und berechenbar [11]. Von hier aus vermag er zu einer *äußeren* Ordnung – zu Staat und Recht – nur dadurch zu gelangen, daß er diese auf eine ausdrückliche oder stillschweigende *Anerkennung* gegründet sein läßt [12]. Hierin nimmt er der Sache nach die alte naturrechtliche Vertragstheorie wieder auf, doch betont er ihr gegenüber mit Nachdruck, daß die Anerkennung nicht bloß in der *Idee* vorausgesetzt werden dürfe, sondern jederzeit „mit Gewißheit sich als Grundbedingung des Rechts nachweisen lassen müsse" [13]. Hiervon rückte er allerdings später in dem mit *Rotteck* herausgegebenen Staatslexikon insofern wieder ab, als er die wirkliche individuelle Anerkennung nur für das Völkerrecht verlangt, für innerstaatliche Verhältnisse dagegen meint, daß man, sobald der ganze Rechts- und Verfassungszustand im *allgemeinen* anerkannt ist, die Anerkennung der Beteiligten in den besonderen Fällen gewissermaßen „supplieren" könne [14].

Welckers individuelle Anerkennungstheorie, die lange Zeit ganz unverdient in Vergessenheit geraten war, enthält in nuce die wesentlichen Elemente aller späteren individuellen Anerkennungstheorien bis zur Gegenwart hin: einerseits der um 60 Jahre jüngeren psychologisierenden Rechtstheorie *Ernst Rudolf Bierlings,* die die schon bei Welcker auftauchende „indirekte" Anerkennung zum Spott ihrer Kritiker (insbesondere Kelsens) bis zur reinen

[10] *Welcker,* a.a.O., S. 28 f.
[11] *Welcker,* a.a.O., S. 30, 73.
[12] *Welcker,* a.a.O., S. 81.
[13] *Welcker,* a.a.O., S. 81.
[14] *Rotteck-Welcker,* Staatslexikon, 3. Aufl., Bd. 1, S. 528.

Fiktion verblaßte, andererseits der in der Gegenwart von *Rudolf Laun* entwickelten Theorie vom „autonomen" Recht, die – offenbar ohne Kenntnis der Frühschrift Welckers konzipiert – wie eine Wiederholung des Welckerschen quasi-kantischen Autonomiebegriffs und seiner Konsequenzen erscheint [15].

Das treibende Motiv der individuellen Anerkennungstheorien ist das *Legitimations*problem: Wie kann das Recht dann, wenn objektiv-allgemeingültige Maßstäbe fehlen, als äußere, das menschliche Zusammenleben mit Zwangsgewalt regelnde Ordnung den einzelnen *verpflichten?* Hierauf versucht sie eine Antwort zu geben. Aber diese Antwort, die auf individuelle Erlebnisse abstellt (auf individuelles Einverständnis, auf Billigung durch das Rechtsgefühl oder das Gewissen des einzelnen), muß nicht nur den *faktischen* Bestand des Rechts, seine Effektivität, aufs schwerste erschüttern [16], sondern erreicht nicht einmal ihr Ziel, eine echte Verpflichtung zu begründen; denn dies müßte die Annahme einer *objektiven* Instanz voraussetzen.

Wenn es in der *heutigen* Rechtstheorie heißt [17], es bestünde „kein Zweifel, daß jede Norm des Rechts ihre reale Geltung der Annahme und Handhabung in einer menschlichen Gemeinschaft verdankt", so ist damit die *generelle* Anerkennungstheorie gemeint. Allerdings wird mit dieser Charakteristik nicht viel mehr als ein allgemeiner Rahmen angegeben, der sehr unterschiedliche Inhalte aufweist, auf deren präzise Feststellung es ankommt, wenn die Zugehörigkeit eines Inhalts zum positiven Recht in Frage steht.

Die Ursprünge der generellen Anerkennungstheorie dürften bis in die Mitte des vorigen Jahrhunderts zurückgehen, wo der Lübecker Jurist *J. Bremer* [18] 1858 die Ansicht geäußert hatte, der Wille des Gesetzgebers schaffe noch kein Recht; es sei jedesmal eine *Aufnahme* des Gesetzes von seiten derjenigen erforderlich, welche dem Gesetz unterworfen sein sollen, d. h. es müsse die Überzeugung der Untertanen von der Verbindlichkeit der auf-

[15] Zu Ernst Rudolf Bierling und zu Rudolf Laun, vgl. *Hans-Ludwig Schreiber,* Der Begriff der Rechtspflicht, 1966. Zu *Laun* auch *Welzel,* Gesetz und Gewissen; in: 100 Jahre Deutsches Rechtsleben, 1960, Bd. 1, S. 383 ff.

[16] Das Einverständnis ist jederzeit aufhebbar; das Gewissen oder gar das Gefühl ist höchstpersönlich.

[17] *Ullrich Scheuner,* Jahrreiss-Festschrift, 1964, S. 365.

[18] *J. Bremer,* Die authentische Interpretation von Gesetzen, Jahrbuch des gemeinen deutschen Rechts, herausgegeben von *Bekker* und *Muther,* Bd. 2 (1858), S. 284.

gestellten Norm hinzutreten [19]. Diese brauche kein allgemeiner Beifall zu sein; die Herrschaft des Gesetzes werde nicht dadurch ausgeschlossen, daß sein Inhalt von vielen *mißbilligt* wird, wenn nur das Bewußtsein bleibt, ihm gehorchen zu müssen. Ähnliche Gedankengänge finden sich um 1880 wieder bei *Georg Jellinek* [20] und bei *Oskar Bülow* [21] – offenbar ohne Bezug auf ihren Vorläufer – und erhalten die feinsinnigste Explikation bei *Adolf Merkel,* insbesondere in seiner allgemeinen Rechtslehre 1890 [22]. Im Gegensatz zu *Ihering,* der in seinem „Zweck im Recht" das *Zwangs*moment im Recht herausgestellt hatte, mißt Merkel diesem nur eine subsidiäre und untergeordnete Bedeutung zu im Vergleich mit denjenigen Eigenschaften, kraft deren das Recht für die *Mehrzahl* der Fälle auf eine *freiwillige* Befolgung seiner Gebote rechnen kann; eine gewaltsam oktroyierte Ordnung werde erst von dem Augenblick an eine Rechtsordnung, wo das Übergewicht der moralischen Kräfte im Volke sich auf ihre Seite neigt, d. h. wo ihr die Eigenschaft einer maßgebenden Richtschnur des Handelns durch das konkludente Verhalten der Bevölkerung zuerkannt wird [23].

Hatte Merkel den Ausdruck „Anerkennung" in diesem Zusammenhang noch nicht gebraucht und die Abgrenzung der generellen von der individuellen Anerkennung terminologisch noch nicht vollzogen, so geschieht dies zu Anfang des neuen Jahrhunderts (1903) bei *Hold von Ferneck* [24]: Damit ein Komplex von Normen als Recht anzusehen ist, sei nicht erforderlich, daß

[19] Hiergegen erhob *Kelsen* (in seinen „Hauptproblemen", S. 365) den scheinbar naheliegenden Einwand, den *Seligmann* schon in seinen „Beiträgen zur Lehre vom Staatsvertrag", Bd. 1, (Der Begriff des Gesetzes), 1886, S. 129, geltend gemacht hatte: „Wie können die Untertanen von der Unverbrüchlichkeit überzeugt sein, wenn sie erst infolge der Überzeugung eintritt?" Hierauf gibt die Anerkennungstheorie die gleiche Antwort, die *Kelsen* auf die Frage nach der Bedingung der Geltung einer Rechtsnorm gegeben hat, nämlich die Rechtsnorm müsse *wirksam* sein, d. h. „im großen und ganzen angewendet und befolgt werden" (s. u. S. 16). Nur unternimmt die Anerkennungstheorie über Kelsen hinaus, der diese Frage ausklammert, auch eine Beschreibung und Deutung der Effektivität oder Autorität des Rechts (die gerade nicht von der Anerkennung durch den *Einzelnen* abhängt). – Allerdings leistet die Anerkennungstheorie nicht auch das, was von ihr vielfach erwartet wurde und was auch *Kelsen* ihr unterstellte, nämlich die *Verpflichtungs*kraft des Rechtes zu erklären (s. u. S. 21).

[20] *Georg Jellinek,* Die rechtliche Natur der Staatenverträge, 1880, S. 16 f.

[21] *Oskar Bülow,* Gesetz und Richteramt, 1885, S. 3 f.

[22] *Adolf Merkel,* Gesammelte Abhandlungen aus dem Gebiete der allgemeinen Rechtslehre und des Strafrechts, 1890, Bd. 2.

[23] *Adolf Merkel,* a.a.O., Bd. 2, S. 590 f.

[24] *Hold v. Ferneck,* Rechtswidrigkeit, Bd. 1, S. 188, 97.

die Normen von allen einzelnen Rechtsgenossen anerkannt werden; „als generelle Macht bedarf es lediglich der Anerkennung seitens der weitaus überwiegenden Zahl der Gebundenen".

Für die Weiterentwicklung war es bedeutungsvoll, daß *Georg Jellinek*[25] die Anerkennungstheorie in *dieser* Gestalt in seine einflußreiche Allgemeine Staatslehre gerade für die Bestimmung des Rechtsbegriffes übernahm: Die Positivität des Rechts ruhe letztlich immer auf der Überzeugung des Durchschnitts des Volkes von seiner Gültigkeit. Dabei denkt Jellinek bezüglich der nichtdurchschnittlichen Minderheit des Volkes an einen geringen Kreis von Personen und an vereinzelte Fälle. Von Jellinek dürfte *Max Weber*[26] die Anerkennungstheorie übernommen haben: er versteht die Anerkennung unter der Bezeichnung „Einverständnis" als die „Durchschnittschance", daß die von der oktroyierten Satzung Betroffenen sie auch tatsächlich – gleichgültig aus welchen Motiven – praktisch als gültig für ihr Verhalten behandeln; auf ihr beruhe die „empirische" oder „soziologische" Geltung, die er von der juristischen oder Soll-Geltung („idealen" Geltung) unterscheidet[27].

Die generelle Anerkennungstheorie hat sich in der Folgezeit zur herrschenden Lehre entwickelt[28], ohne daß die begriffliche Klärung, die sich bei *Max Weber* anbahnte, Fortschritte gemacht hätte. Einmal sind die Unterschiede, die sie von der individuellen Anerkennungstheorie trennt, oft genug

[25] *Georg Jellinek*, Allgemeine Staatslehre, 3. Aufl., S. 334, Anm. 1.

[26] Zuerst in seiner Stammler-Kritik, Gesammelte Aufsätze zur Wissenschaftslehre, 1951, S. 345 ff.

[27] *Max Weber*, Wissenschaftslehre, S. 468, 473; Gesammelte Aufsätze zur Soziologie und Sozialpolitik, 1924, S. 477; Wirtschaft und Gesellschaft, 1956, S. 181, 188, 398 ff; Rechtssoziologie, 1960, S. 53; vgl. auch Winkelmann, ebenda, S. 22, Anm. 5.

[28] Im Sinne der generellen Anerkennungstheorie haben sich abgesehen von den im Text erwähnten Schriftstellern weiterhin geäußert: *Ernst Beling*, Revolution und Recht, 1923, S. 18; Festschrift für Heck, Rümelin, Schmidt, 1931, S. 11; *Paul Bockelmann*, Einführung in das Recht, 1963, S. 104; *E. W. Böckenförde*, Collegium Philosophicum, 1965, S. 297; *Helmut Coing*, Grundzüge der Rechtsphilosophie, 1950, S. 237; *Georg Dahm*, Deutsches Recht, 2. Aufl., 1963, S. 33; *Alex. Graf zu Dohna*, Kernprobleme der Rechtsphilosophie, 1940, S. 49 ff; *Martin Drath*, Grund und Grenzen der Verbindlichkeit des Rechts, 1963, S. 40 f.; *Hermann Drost*, Das Ermessen des Strafrichters, 1930, S. 1; *Karl Engisch*, Zeitschrift für die ges. Strafrechtswissenschaft, Bd. 75, S. 610; *O. A. Germann*, Grundlagen der Rechtswissenschaft, 1950, S. 22; *Nicolai Hartmann*, Probleme des geistigen Seins, 3. Aufl., 1962, S. 275; *Hermann Heller*, Allgemeine Staatslehre, 1934, S. 191 ff., 222 ff., 243, 258 f.; *Heinrich Henkel*, Einführung in die Rechtsphilosophie, 1964, S. 442 f.; *Alex. Hold von Ferneck*, Die Rechtswidrigkeit I (1903), S. 97, 188; *Hans Huber*, Über die Geltung des Völkerrechts, Schweiz. Jahrbuch für Internationales Recht, 1951, S. 55 ff.; *Gerhard Husserl*, Rechtskraft und Rechtsgeltung, 1925, S. 72 f.; *Hermann Jahrreiss*, Berechenbarkeit und Recht, 1927, S. 19 f.; *Karl Larenz*, Methodenlehre der

unbeachtet geblieben [29], vor allem aber mutete man ihr Aufgaben zu, die sie gar nicht erfüllen konnte: Sie kann nicht den Rechtsbegriff erschöpfen; vielmehr kann sie nur über einen Teilaspekt des Rechtsbegriffs, seine *Positivität, Faktizität* oder Effektivität, Auskunft geben. Hierfür ist sie allerdings unentbehrlich: Sie ermöglicht es, die folgenschwere Identifikation der Positivität (Faktizität) der *Rechtsgeltung* mit der bloßen „Durchsetzbarkeit" eines Befehles abzuwehren und das Recht schon auf der Ebene der Positivität vom bloßen Macht- oder Zwangsakt zu unterscheiden.

Diese Verwechslung ist alt; sie geht auf *Christian Thomasius* zurück mit seiner Definition der Rechtspflicht als einer obligatio externa und deren Charakterisierung als coactio [30]. Sie liegt *Iherings* Lehre vom Recht als Zwangsnorm zugrunde und wird im 20. Jahrhundert vor allem von *Kelsen* und *Binder* leidenschaftlich verteidigt [31]; erst 1935 gibt *Binder* [32] sie auf, während Kelsen sie noch heute vertritt. 1911 erklärte *Binder* [33] in seiner Erlanger Rektoratsrede pointiert, die Geltung des Rechts beruhe „ausschließlich auf seiner Durchsetzbarkeit". Dieser These legte er die Auffassung zugrunde, daß das Recht eine Form des Zwanges und zwar geregelter Zwang sei, eine Zwangsordnung und sonst nichts.

Ist aber dieser Gedanke schon auf der Ebene der *Positivität* durchführbar? Die Konsequenzen, zu denen die Zwangstheorie führt, zeigen sich aufschlußreich an der Deutung, die sie dem Begriff der Rechtspflicht zuteil werden

Rechtswissenschaft, 1960, S. 144, 148 f.; *Gerhard Leibholz,* Die Gleichheit vor dem Gesetz, 1925, S. 65; *Max Ernst Mayer,* Rechtsnormen und Kulturnormen, 1903, S. 18; *Hans Nawiasky,* Allgemeine Rechtslehre, 2. Aufl., 1948, S. 19; *Max Rümelin,* Die bindende Kraft des Gewohnheitsrechts, 1929; *Ulrich Scheuner,* Zeitschrift f. Ausländisches öffentliches Recht und Völkerrecht, Bd. 13 (1950), S. 569; Staatsverfassung und Kirchenordnung, Festgabe für R. Smend, 1962, S. 253; Festschrift für Hermann Jahrreiss, 1964, S. 365; Jahrbuch für Internationales Recht, Bd. 12 (1965), S. 21 f.; *Felix Somló,* Juristische Grundlehre, 1917, S. 103; *Rudolf Stammler,* Theorie der Rechtswissenschaft, 1911, S. 13; Lehrbuch der Rechtsphilosophie, 1928, S. 168; *Reinhold Zippelius,* Wertungsprobleme im System der Grundrechte, 1962, S. 131 ff.; abweichend jedoch *ders.,* NJW, 1964, S. 1981 ff. (1986). Vgl auch O. *A. Germann,* Probleme und Methoden der Rechtsfindung, 1965, S. 17 ff.

[29] Typisch z. B. *Ernst Beling,* Revolution und Recht, 1923, S. 18, Anm.

[30] Vgl. mein „Naturrecht und materiale Gerechtigkeit", 4. Aufl. 1961, S. 164 f; *Hans-Ludwig Schreiber,* Der Begriff der Rechtspflicht, 1966.

[31] *Kelsen,* Hauptprobleme der Staatsrechtslehre, 1911, S. 212 ff.; *Binder,* Rechtsnorm und Rechtspflicht, 1912.

[32] *Binder,* Grundlegung zur Rechtsphilosophie, 1935, S. 141.

[33] *Binder,* Rechtsnorm und Rechtspflicht, 1912, S. 47.

läßt. *Binder*[34] und *Kelsen*[35] erklären sie übereinstimmend als bloße Haftung gegenüber einem Zwangsakt des Staates, wobei *Kelsen* genauer als Binder noch zwischen der Haftung für eigenes und der Haftung für fremdes Verhalten (Haftung i. e. S.) unterscheidet. Anfänglich hatte *Binder*[36] erklärt, „der Rechtssatz wende sich nur an die Staatsorgane und gebiete nur diesen, in bestimmter Weise zu verfahren; der Rechtssatz verpflichte nur sie und nicht die Mitglieder der Rechtsgemeinschaft, die vielmehr bloß Objekte des gesetzgeberischen Willens oder seiner Verwirklichung durch die Organe des Staates seien".

Aber muß, wenn „Rechtspflicht" nur „Haftung" gegenüber einem Zwangakt ist, dies nicht ebenso für die Staatsorgane wie für die Rechtsgenossen gelten? Auch das Staatsorgan kann doch nur insoweit „verpflichtet" sein, als es dem Zwangsakt eines höheren Staatsorgans unterliegt usf. *Binder* bemerkte diese Schwierigkeit erst in seiner Rechtsphilosophie (1925), ohne das Dilemma zu lösen, insbesondere ohne zu sehen, daß ihn die Zwangstheorie in einen hoffnungslosen regressus in infinitum geführt hat. Erst *Kelsen* geht auf das Dilemma ein, das ihm *Alf Ross*[37] vorgehalten hatte. Er versucht, ihm dadurch zu entgehen, daß er seinen Begriff der „Rechtspflicht", d. h. also der Zwangsnormbetroffenheit des Individuums, vom Begriffe des „Sollens" löst und unter „Sollen" nicht nur das „Gebieten", sondern auch das „Ermächtigen" versteht[38]. Danach wäre also das Staatsorgan nur „ermächtigt", nicht „verpflichtet", Zwang auszuüben, und, wenn auch es *verpflichtet* werden sollte, so nur dann, sofern ein höheres Organ ermächtigt ist, gegen das niedere Organ Zwang anzuwenden usf. Insoweit bleibt der endlose Regreß also bestehen! Aber abgesehen davon wäre es nicht nur ein seltsamer Sprachgebrauch, das *Sollen* mit dem *Ermächtigen* gleichzusetzen, sondern er gäbe vor allem die rechtliche Stellung der obersten Staatsorgane einfach nicht richtig wieder: Sie sind durch verfassungsrechtliche Vorschriften, für die eine Sanktion fehlt, nicht *ermächtigt*, ob sie so oder nicht so verfahren wollen, sondern *verpflichtet*, gerade in einer *bestimmten*

[34] *Binder,* Rechtsnorm und Rechtspflicht, S. 45; Rechtsphilosophie, 1925, S. 353, 745; Der Adressat der Rechtsnorm, 1927, S. 73.

[35] *Kelsen,* Reine Rechtslehre, 2. Aufl., 1960, S. 125.

[36] *Binder,* Rechtsphilosophie, S. 745; ähnlich schon *Ihering,* Der Zweck im Recht, Bd. 1, S. 338: Rechtssätze sind „lauter Regulative für die Handhabung der staatlichen Zwangsgewalt".

[37] *Alf Ross,* Towards a Realistic Jurisprudence, Kopenhagen, 1946, S. 75; ebenso mein Aufsatz „Gesetz und Gewissen", in: 100 Jahre Deutsches Rechtsleben, 1960, I, S. 387.

[38] *Kelsen,* Reine Rechtslehre, S. 124, Anm.

Weise tätig zu werden [39]. „Die Spitze der Organisation bedeutet unter allen Umständen die Grenze der organisatorischen Zwangssicherung des Rechts“ [40]. Quis custodiet custodes ipsos? Aber wenn auch die Grenze des Rechtszwanges gerade an dieser äußersten Zuspitzung besonders deutlich wird, so betrifft sie keineswegs das Wesentliche. Wesentlich ist vielmehr, daß die Grenze des Zwanges sich auf die Rechtsordnung als Ganzes, nicht nur auf ihre oberste Verfassungsnormen bezieht: „Daß das Ganze in Geltung erwachse, und in Geltung bleibe, dafür ist kein Zwangsapparat geschaffen, mit anderen Worten: daß der Zwang bereitstehe, kann nicht wiederum erzwungen werden“ [41]. Mit gutem Grunde hat darum *Leibholz* schon 1925 das Merkmal der „Durchsetzbarkeit“ für den Begriff der empirischen Geltung des Rechtes nur unter der Bedingung übernommen, daß „man unter Durchsetzung das Gefühl der Gebundenheit auf seiten der Normadressaten versteht“ [42]. Rechtsgeltung ist das „Legitimitäts-Einverständnis“, demzufolge „die Gehorchenden aus *dem* Grunde gehorchen, weil sie die Herrschaftsbeziehung als für sich verbindlich auch subjektiv annehmen“ [43]. Positive Geltung oder Rechtsgeltung hat das Recht nicht nur und nicht in erster Linie darum, weil es *durchsetzbar* ist, sondern darum, weil es von den von ihm Betroffenen – im großen und ganzen – als *verpflichtend empfunden* wird [44].

Durch das Moment der generellen Anerkennung scheint nun jedoch ein „Unsicherheitselement“ [45] in den Begriff der Rechtsgeltung hineinzukommen, das der juristischen Betrachtung als solcher wesensfremd ist. So muß etwa der Richter bei seinen Entscheidungen von einem klaren Entweder-Oder

[39] Ein Beispiel siehe bei *Germann*, Grundlagen der Rechtswissenschaft, 1950, S. 9.

[40] *Hermann Heller*, Allgemeine Staatslehre, S. 269.

[41] *Walter Burckhardt*, Methode und System des Rechts, 1936, S. 186.

[42] *Gerhard Leibholz*, Die Gleichheit vor dem Gesetz, 1925, S. 66. Darum begreift Leibholz die aus einer Revolution entstandene Neuordnung von dem Augenblick an als eine Rechtsordnung, in dem ihre tatsächliche Durchsetzbarkeit mit dem Gefühl der Normadressaten von ihrer Gebundenheit verknüpft ist: „Hierdurch wird die Norm erst zur Rechtsnorm und die bisher mehr oder weniger vorhandene und befolgte Ordnung zu einer spezifischen Rechtsordnung gestempelt.“ Solange dieser Zustand nicht erreicht ist, solange also zwei Ordnungen noch um ihre Existenz ringen, herrscht rechtlich noch Chaos und ist eine positive Rechtsordnung noch nicht vorhanden.

[43] *Max Weber*, Wissenschaftslehre, S. 470.

[44] Vgl. besonders *Hermann Heller*, Allgemeine Staatslehre, S. 191 ff.

[45] So *Rudolf Stammler*, Lehrbuch der Rechtsphilosophie, 1928, S. 161.

ausgehen: Entweder gilt ein Rechtssatz oder er gilt nicht. Der Richter kann seine Entscheidung nicht auf Grund eines mehr oder minder hohen Wahrscheinlichkeitsgrades der Geltung des Rechtssatzes fällen. Diesen Unterschied zwischen „soziologischer" und „juristischer" Betrachtung hat *Max Weber* [46] scharf formuliert: „Das Gelten eines Rechtssatzes im soziologischen Sinne ist ein empirisches Wahrscheinlichkeitsurteil über Fakta, das Gelten im juristischen Sinne ist ein logisches Soll, und das sind zwei ganz verschiedene Dinge."

Dennoch sind sie in einem bestimmten Sinne aufeinander bezogen, und selbst die soziologiefeindlichste Rechtstheorie, die Reine Rechtslehre *Kelsens* [47], muß die Normativität des Rechtes von seiner Effektivität abhängig machen. Die Rechtsordnung als Ganzes und eine einzelne Rechtsnorm müssen „im großen und ganzen wirksam" sein, d. h. „im großen und ganzen angewendet und befolgt werden [48]."

Aber was heißt: „Befolgtwerden im großen und ganzen"? Jedenfalls nicht: Kennen und Anerkennen der *einzelnen* Normen, wovon die individuelle Anerkennungstheorie ausgegangen war und was sie nur vermöge zahlreicher Fiktionen durchhalten konnte. Den Kern trifft schon eher der Begründer der generellen Anerkennungstheorie, *Adolf Merkel* [49], wenn er von dem „Bündnis der Rechtsvorschriften mit den im Volke lebenden moralischen Kräften" spricht. Es geht nicht um das Anerkennen von Rechts*sätzen*, sondern von Rechts*grund*sätzen. Am treffendsten hat es wohl *Hermann Heller* [50] in der sachlichen Nachfolge von Adolf Merkel ausgedrückt: „Jede herrschende Gruppe bedarf auf die Dauer des Glaubens, ihre Rechtsgrundsätze und, durch diese, ihre Rechtssätze besäßen eine allgemeine, auch die Beherrschten bindende Verpflichtungskraft." Allerdings darf dabei eine weitere Seite der Anerkennung nicht außer acht gelassen werden, die die Formulierung des *Grafen zu Dohna* zum Ausdruck brachte, es käme nicht so sehr auf das jeweilige Einverständnis mit dem rechtlichen Inhalt, als vielmehr auf die „Unangefochtenheit der Rechtsherrschaft" an [51]. Dieser Hin-

[46] *Max Weber,* Soziologie und Sozialpolitik, S. 477 f.

[47] *Kelsen,* Reine Rechtslehre, S. 212 ff.

[48] *Kelsen,* Reine Rechtslehre, S. 218; ähnlich *Felix Somló:* Rechtsnorm ist die „Norm einer gewöhnlich befolgten, umfassenden und beständigen höchsten Macht". Juristische Grundlehre, 1917, S. 105.

[49] *Adolf Merkel,* Gesammelte Abhandlungen II, S. 590.

[50] *Hermann Heller,* Allgemeine Staatslehre, S. 191; ebenso *Hans Huber,* Über die Geltung des Völkerrechts, Schweizerisches Jahrbuch für Internationales Recht, 1951, S. 79 f.

[51] *Graf zu Dohna,* Kernprobleme der Rechtsphilosophie, 1940, S. 50.

weis betont zutreffend die wichtige Bedeutung der Installierung einer obersten Rechtsmacht, deren Anordnungen, sobald sie erst einmal selbst als *Rechts*macht allgemeine Anerkennung gefunden hat, die „Vermutung" ihrer Verpflichtungskraft für sich haben. Dennoch bedarf diese „Vermutung" auf die Dauer der Bestätigung auch im Inhaltlichen (der Rechtsgrundsätze). Deshalb stehen beide Aussagen nicht miteinander im Gegensatz, sondern ergänzen einander.

Der Geltungsverlust von Normen kann sich auf einzelne Normenkomplexe beschränken. Am labilsten hat sich – geschichtlich gesehen – die eigentliche Herrschaftsordnung, die Verfassung i. e. S., erwiesen. Stabiler sind die Normierungen der Sozialverhältnisse und der gesellschaftlichen Beziehungen. Das Strafrecht und das Bürgerliche Recht des deutschen Kaiserreiches sind seit 1871 bzw. 1900 über vier verschiedene Herrschaftssysteme hinweg in Geltung geblieben, vor allem in *den* Teilen, die die Rechtsverhältnisse der Bürger untereinander regeln, – und gelten auch heute (1965) sogar im geteilten Deutschland weitgehend noch in der gleichen Gesetzesfassung fort. Dennoch ist das Recht während dieser langen Periode auch in den unverändert fortbestehenden Gesetzesbestimmungen nicht „dasselbe" geblieben. Recht ist stets das in *Anwendung* befindliche und in dieser Anwendung sich wandelnde Recht. Diese Wandlung vollzieht sich in erster Linie über die *Rechtsprechung* [52], die die abstrakten Rechtssätze konkretisiert und sie dabei teils für neue tatsächliche Verhältnisse praktikabel macht, teils nach neuen Wertanschauungen neu interpretiert [53]. Die wichtigsten „Umschaltstationen" der „soziologischen" in die „juristische" Geltung (d. h. in die Rechtsgeltung) sind darum die *Gerichte* [54]. Insofern kann man wohlbegrün-

[52] Diese dabei weitgehend auf Grund der Vorarbeit durch die *Rechtslehre;* s. auch die folgende Anm. 53.

[53] Die Gerichte haben „das Recht in der Weise fortzubilden, daß Gesetzeslücken geschlossen und die positiven Rechtsnormen von ihren Grundgedanken her im Sinne einer Anpassung an die berechtigten Bedürfnisse einer sich ständig wandelnden gesellschaftlichen Wirklichkeit ausgelegt werden". BGH NJW 1959, S. 2262. – Vgl. dazu im ganzen *Adolf Arndt,* Gesetzesrecht und Richterrecht, NJW 1963, S. 1273 ff. Grundlegend: *Esser,* Grundsatz und Norm, 2. Aufl., 1964; *Wieacker,* Gesetz und Richterkunst, 1957.

[54] Die juristische Geltung der Konkretionen abstrakter Rechtssätze beschränkt sich auf die einzelne Gerichtsentscheidung. Werden Konkretionen *gleichsinnig* in „ständiger Rechtsprechung" vollzogen, so entsteht ein bestimmter „Gerichtsgebrauch". Ein solcher Gerichtsgebrauch selbst hat nur eine *soziologische,* aber keine juristische oder Rechtsgeltung. Rechtsgeltung hat die in dem betreffenden Gerichtsgebrauch enthaltene Interpretation für ein späteres Urteil stets nur insoweit, als dieses die Interpretation deshalb übernimmt, weil es sie als die rechtlich *gewollte* und *verbindliche anerkennt.* Dagegen hat die Übung

det davon sprechen, daß der (juristische) „Vollzug" der generellen Anerkennung durch die *Gerichte* vorgenommen wird [55], wobei auch die Gerichte vielfach nur „Vollzugsorgane" des „Zeitgeistes" sind [56].

Aber gleichgültig, wie man die soziologische Unterlage für den „Vollzug" der generellen Anerkennung formulieren mag: – als „allgemeines Rechtsbewußtsein", als „gemeinsame Rechtsüberzeugung", oder enger: als „Vorstellungen der führenden, tonangebenden Sozialschicht" (Beling, Nawias-

als solche für ein späteres Urteil keinerlei *Rechts*geltung, auch keine „faktische" (außer wenn sie zum Gewohnheitsrecht erstarkt ist, wie es z. B. bei der Interpretation der Teilnahmevorschriften i. S. der extremen Akzessorietät bis zum Jahre 1943 der Fall war). – Darum ist es äußerst verwirrend und irreführend, wenn BGHZ 23, S. 184, 187 (ähnlich auch *Larenz,* Methodenlehre, S. 271, 302) bei einem Gerichtsgebrauch von „faktischer *Rechtsgeltung*" spricht. Der Gerichtsgebrauch ist eine rein soziologische, d. h. statistische Tatsache *ohne Anspruch auf Bindung.* Faktische Rechtsgeltung dagegen ist die mit dem Anspruch auf Verbindlichkeit auftretende und darin *akzeptierte* Forderung eines Rechtssatzes oder einer Gewohnheit. Von ihr ist das Element des (sog.) „Normativen" im Sinne des Verpflichten-*Wollens* und des als verpflichtend *Anerkannten* unabtrennbar. Darum ist die Unterscheidung von „faktischer" und „normativer" *Rechts*geltung in der Art, wie sie BGH 23, S. 187, vornimmt, irreführend. Zu fragen war vielmehr, ob der Gesetzgeber im konkreten Falle den Gerichtsgebrauch durch seine spätere Gesetzgebung bestätigt hat, wie er es z. B. in den Metallverkehrsgesetzen bezüglich der Interpretation des inneren Tatbestandes der Hehlerei getan hat (vgl. Frank, § 259, V 1). – Ob der faktisch erhobene und anerkannte Verpflichtungsanspruch einer Norm (d. h. ihre positive Rechtsgeltung) auch *legitimiert* (echt gesollt) ist, so daß sie eine echte, *innere* Verpflichtung (nicht nur ein Verpflichtungsanspruch) auferlegt, das ist eine über die positive Rechtsgeltung hinausgehende, selbständige Frage. Darüber weiter unten im Text.

55 So *Bockelmann,* Einführung in das Recht, S. 105; vgl. auch die besondere Betonung der Gerichte bei *Karl Larenz,* Methodenlehre der Rechtswissenschaft, S. 148.

56 Vgl. etwa BGHSt 4, S. 24, bezüglich der Bestimmungsmensur oder die Entscheidung des Bundesverwaltungsgerichts NJW 1960, S. 1409, betr. Automatenverkauf von Gummischutzmitteln. – Besonders interessant ist die Aufnahme der von einer starken öffentlichen Meinung geforderten Anerkennung der sozialen Indikation bei freiwilligen Sterilisationen in BGHSt. 20, S. 81, durch die konstruktive Annahme einer (angeblichen) Gesetzeslücke. Aber wohl noch eindrucksvoller zeigt sich die Abhängigkeit der – durch die Gerichte zu vollziehenden – *juristischen* Geltung von der *soziologischen* Unterlage in den Fällen, in denen die Anwendung einer „geltenden" Norm durch Unterstellungen im subjektiven Tatbestand abgelehnt wird, wie es im Jahre 1932 in den Prozessen gegen die sog. ostpreußische Bauernnotbewegung und in den Jahren 1951 und 1952 bei der Streikdrohung zur Durchsetzung des Mitbestimmungsrechts und bei dem sog. Zeitungsstreik geschah. In den erstgenannten Prozessen lagen eindeutig Vergehen nach § 129 und § 240 StGB und nach § 270 Pr.StGB vor. Das Reichsgericht (v. 28. 4. 1932 – 2 D 945/31) sprach jedoch im Einklang mit einer starken Volksmeinung in der Endphase der Weimarer Republik frei, weil die ostpreußischen Bauern sich in Putativ-Staatsnotstand befunden hätten; dabei erörtert es nicht einmal die Einschränkung, die es sonst beim Putativnotstand machte (RG 62 S. 137), nämlich ob die Bauern bei Annahme des „Staatsnotstands" die pflichtmäßige Prüfung seiner Voraussetzungen vorgenommen hatten! Die Streikdrohungen der Jahre 1951/52 unterfielen nach der weitaus herrschenden Lehre dem

ky) [57], stets handelt es sich um gemeinsame geistige Gehalte des Bewußtseins vieler einzelner: einer Gruppe, einer Mehrheit, vielleicht sogar der Gesamtheit eines Volkes. Man hat die „innere Gleichgeformtheit der einzelnen", die „eine Menschengruppe, ein Volk, ein Zeitalter beherrscht", mit den hegelschen Begriffen des „geschichtlich lebenden objektiven Geistes" bezeichnet [58]. Dagegen wäre nichts einzuwenden, wenn man zum objektiven Geist auch Inhalte wie die spanische Inquisition, die Hexenprozesse und die Nürnberger Gesetze zählte. Das wird jedoch regelmäßig nicht getan. Von Ursprung an galt als „objektiver" Geist nicht das Wirkliche schlechthin (die wirkliche geistige Verfassung eines Volkes einschließlich ihrer schrecklichen Verfallsformen), sondern nur das „wahrhaft" Wirkliche, das „sittliche Leben eines Volkes" (Hegel), die „innere Macht des gemeinsamen sittlichen Geistes im Bewußtsein der Menschen" [59]. Demgemäß ist das Recht in den vier eben erwähnten Abschnitten der jüngsten deutschen Geschichte, welche einige der Kodifikationen des Kaiserreichs überdauert haben, und zwar in *allen* Abschnitten, am wenigsten vielleicht im Kaiserreich, jeweils gleichermaßen als „Ausdruck und Gestaltung" – nicht der geistigen Verfassung des Volkes, sondern – „des *objektiven* Geistes" erklärt und verklärt worden.

Es ist ein verhängnisvoller Irrweg gewesen – den zu wiederholen nach den Erfahrungen, die wir gemacht haben, unentschuldbar wäre –, daß man die soziologische Grundlage der generellen Anerkennung, also die gemeinsame Rechtsüberzeugung, das allgemeine Rechtsbewußtsein u.dgl., zu etwas Normativ-Richtigem, etwas Objektiv-Gültigem oder Wertvollem, zum „objektiven Geist" emporgesteigert hat. Die generelle Anerkennung ist *eine*

Tatbestand der Parlamentsnötigung (§ 105). Eine Strafverfolgung unterblieb jedoch, weil die Täter nach Meinung des weisungsberechtigten Bundesjustizministers sich im unvermeidbaren Verbotsirrtum befunden hatten (obwohl – im Zeitungsstreik – der Bundeskanzler Adenauer den damaligen DGB-Vorsitzenden Fette vorher auf die Verfassungswidrigkeit des Streikes aufmerksam gemacht hatte!) Vgl. dazu *Gerd Geilen*, Der Tatbestand der Parlamentsnötigung, 1957, S. 126 f.

[57] *Ernst Beling*, Revolution und Recht, 1923, S. 18. – *Hans Nawiasky*, Allgemeine Rechtslehre, 2. Aufl., 1948, S. 19.

[58] *Nicolai Hartmann*, Das Problem des geistigen Seins, S. 275; ebenso die Neuhegelianer *Binder* (Grundlegung der Rechtsphilosophie, 1935), *Larenz* (Methodenlehre der Rechtswissenschaft); jetzt auch *Heinrich Henkel* (Einführung in die Rechtsphilosophie, 1964); *Zippelius* (Wertungsprobleme in System der Grundrechte, 1962, S. 131 ff.).

[59] So *Karl Larenz*, Methodenlehre der Rechtswissenschaft, S. 148, im Anschluß an *Nicolai Hartmann*.

der Entstehungsvoraussetzungen des *positiven* Rechts. Jeder Gesetzesbefehl, der generelle Anerkennung findet, wird damit positives Recht. Das hat der vielgeschmähte „psychologische" oder „soziologische" Rechtspositivismus stets richtiger gesehen als der sog. „objektive Idealismus". Er geriet darum auch nicht in die Verlegenheit und in die Versuchung, das positive Recht zu „verklären", wie es der Satz *Walter Schönfelds* [60] im Jahre 1929 in gefährlicher Pathetik zum Ausdruck brachte: „Jedes positive Recht, auch wenn es noch so irdisch ist, ist die Gerechtigkeit in Zeit und Raum, wovon ihm seine Würde kommt."

Jede Norm der Staatsmacht, die Anerkennung (in dem vorhin angegebenen Sinne) findet, ist positives Recht. Darum sind die Normen, nach denen die spanische Inquisition vorgegangen war oder die Hexenprozesse durchgeführt wurden, ebenso positives Recht gewesen wie die Nürnberger Judengesetze. Man mag sie „gesetzliches Unrecht" nennen, man mag den Begriff des Rechts einschränken, indem man es außer an die Positivität noch an weitere Voraussetzungen knüpft, – die Eigenschaft der *positiven Geltung* kann man diesen Normen nicht nehmen. So begrenzt also die Funktion der generellen Anerkennung für den Rechtsbegriff auch erscheinen mag, so hat sie dennoch eine fundamentale Bedeutung: Gesetze „im Panzerschrank", also Befehle der obersten Staatsmacht, die sich nicht einmal dem möglichen Vollzug einer generellen Anerkennung stellen, mögen wohl durchsetzbar sein, wenn sie willfährige Befehlsempfänger finden, erwachsen aber nicht zu positiver Geltung und werden nicht positives Recht. Sie sind, wenn sie positiven (anerkannten) Rechtsnormen zuwiderlaufen, rechtswidrige Befehle.

Damit wäre die engere Frage, von der wir ausgegangen waren, im Sinne von *Bockelmann* und *Lewald* hinreichend beantwortet [61]; dennoch hatten wir sie über den konkreten Anlaß hinaus von vornherein weiter gestellt; denn sie läßt sich abschließend nur beantworten, wenn wir *über* den Bezirk der positiven Rechtsgeltung hinausgehen.

Die Frage, die offen bleibt, wirft am eindringlichsten der Satz *Georg Jellineks* [62] auf: „Die Opfer der spanischen Inquisition haben die Normen,

[60] *Walter Schönfeld,* Über den Begriff der dialektischen Jurisprudenz, 1929, S. 12.

[61] So schon mein Aufsatz in NJW 1964, S. 521, mit seiner grundsätzlichen Unterscheidung von Durchsetzbarkeit und faktischer Geltung; in der Sache ebenso *Adolf Arndt,* NJW 1964, S. 487. Ferner OLG Frankfurt vom 12. 8. 1947; Höchstrichterliche Entscheidungen, Bd. 1, S. 67 ff. = Süddeutsche Juristen-Zeitung, Bd. 2 (1947), Sp. 621 ff. mit Anm. Radbruch, und (wohl auch) das Urteil des Frankfurter Auschwitz-Prozesses nach Kogon, NJW 1965, S. 1901.

[62] *Georg Jellinek,* Allgemeine Staatslehre, S. 334, Anm. 1.

auf Grund deren sie verurteilt wurden, schwerlich als Recht empfunden." Jellinek schreibt dies in *dem* Zusammenhang, in welchem er die positive Geltung des Rechtes auf die Überzeugung der großen Mehrheit des Volkes von seiner Gültigkeit gründet. Sein Satz markiert die unübersteigbare Grenze der generellen Anerkennungstheorie: „Warum sollte eine Norm deshalb für *mich* gelten, weil *andere* sie befolgen [63]?" Diese Einschränkung bedeutet nun keineswegs, daß die Anerkennungstheorie für die Deutung der positiven Rechtsgeltung falsch wäre; vielmehr bezeichnet sie lediglich, daß mit der Feststellung der positiven Rechtsgeltung – gleichgültig, wie man sie deutet – das Geltungsproblem des Rechts nicht *erschöpft* ist. Nach dem *Effektivitäts*problem des Rechts taucht das *Legitimitäts*problem auf: Warum *soll* das Recht, das in einem Staate positive Geltung erlangt hat, auch von denen befolgt werden, die ihm nicht zustimmen? Was begründet seine *Verpflichtungs*kraft auch gegenüber dem Nonkonformisten?

Für eine „realistische" Rechtstheorie, wie sie heute etwa die Schule von *Uppsala* [64] vertritt, sind diese Fragen „reine Chimären". Nach ihr ist der Gedanke einer „inneren " Verpflichtung ebenso illusionär, wie auch der Begriff der Gerechtigkeit oder sonstiger maßstäblicher Wertideen leere Hypostasierungen rein persönlicher Gefühlsäußerungen sind. In solchen Thesen des „theoretischen Wertnihilismus" [65] – eines „umgekehrten" (empiristischen) Dogmatismus – muß die abweichende Überzeugung der Minderheit „vernachlässigt" werden, um den schon von *Jellinek* [66] gebrauchten Ausdruck zu zitieren, und die Minderheit hat sich in ihr Schicksal, das ihr der herrschende „Kodex der sozialen Interdependenz" bereitet, eben zu fügen.

Man wird mit diesen Ansichten, die das Recht auf einen „Mechanismus der sozialen Interdependenz" reduzieren, kaum anders rechten können als dadurch, daß man sie auf ihre Konsequenzen hin festlegt [67]. Diese Konsequenzen werden in nichts damit geändert oder gemildert, daß der Wertnihilist – wie z. B. *Theodor Geiger* [68] – sich optimistisch, statt – wie üblich – pessimistisch gibt und vom Glauben ausgeht, daß „Liebe und Mitleid", weil sie ebenso ursprüngliche Triebregungen seien wie „Haß und Be-

[63] *Welzel,* Macht und Recht, in: Hugelmann-Festschrift, Bd. 2, S. 841.
[64] Im Anschluß an *Axel Hägerström* insbesondere *Lundstedt, Alf Ross, Theodor Geiger u.* a.
[65] So *Theodor Geiger,* besonders in seinen Vorstudien zu einer Soziologie des Rechts, 1947, S. 239 ff.
[66] *Georg Jellinek,* Allgemeine Staatslehre, S. 334, Anm. 1.
[67] Siehe unten, S. 29.
[68] *Theodor Geiger,* a.a.O., S. 267.

gierlichkeit", im Sozialleben in einer den letzteren entgegengesetzten Richtung wirken. Abgesehen davon, daß man darüber streiten kann, welche der beiden gegensätzlichen Grundrichtungen sich in der menschlichen Geschichte stärker ausgewirkt haben und auswirken – der Haß oder die Liebe –, muß der Wertnihilist auf jeden Fall ihre Auswirkungen als völlig gleichrangig hinnehmen und sie lediglich in ihrer Faktizität registrieren – einschließlich seiner eigenen Stellungnahme als höchstpersönlicher Gefühlsäußerungen über sie.

Wer sich mit einem solchen „Realismus" und seinen für das Sozialleben verhängnisvollen Konsequenzen nicht abfinden will, für den entsteht mit der Frage nach der *Legitimität* ein neues Problem. Dieses Problem hat man seit über zwei Menschenaltern im Bereich des Rechts unter dem „Dualismus" von „Sollen" und „Sein" behandelt. Dieser Dualismus ist hier in der Tat unausweichlich; denn es geht hier um die Differenz, die zwischen dem *„seienden Sollen"* eines geschichtlichen „objektiven Geistes" und der *Legitimation* eines jeglichen geschichtlichen Geistes durch ein schlechthin Gültiges, wahrhaft Verpflichtendes besteht – also um jene Differenz, die der oben zitierte Satz Georg Jellineks über die Opfer der spanischen Inquisition exemplarisch aufzeigt. Bei dieser Grunddifferenz handelt es sich also keineswegs lediglich um einen Ausfluß der neukantischen Erkenntnistheorie, selbst wenn sie vor 60 Jahren in deren Gewande aufgetreten ist. Darum ist sie von deren Schicksalen völlig unabhängig [69]!

Während zwei so unterschiedliche Denker wie *Max Weber* und *Hans Kelsen* von dem „allerelementarsten Gegensatz" zwischen Sein und Sollen [70] ausgehen, sehen andere, wie etwa *Ernst Beling* und *Hermann Heller* [71] die Vereinigung beider in einem „seienden Sollen" für möglich an. Neuerdings hat man sogar die moderne mathematische Logik bemüht, um den Kelsenschen radikalen Dualismus von Sollen und Sein nachzuweisen [72], allerdings ohne zu prüfen, ob die beiden Aussagen über die Vereinbarkeit oder Nichtvereinbarkeit nicht auf zwei ganz verschiedene Sachverhalte gehen. Daß es

69 Das verkennt *E. W. Böckenförde,* Die historische Rechtsschule und das Problem der Geschichtlichkeit des Rechts, Colloquium Philosophicum, 1965, S. 29.

70 *Max Weber,* Wissenschaftslehre, S. 127, Anm. 1; *Kelsen,* Hauptprobleme der Staatsrechtslehre, S. 7; Reine Rechtslehre, 2. Aufl., S. 5.

71 *Ernst Beling,* Rechtswissenschaft und Rechtsphilosophie, 1923, S. 17; *Hermann Heller,* Allgemeine Staatslehre, S. 385.

72 *Ulrich Klug,* in der Kelsen-Festschrift: Law, State and International Order, 1964, S. 154 f.; vorher schon *Franz Achermann,* Das Verhältnis von Sein und Sollen als ein Grundproblem des Rechts, 1955.

ein solches seiendes Sollen gibt, das hat schon Kelsen [73] selbst dargelegt: „Gebieten und Verbieten sind Tätigkeiten, die ein Über- und Unterordnungsverhältnis voraussetzen. Befehlen ist eine Herrschaftsfunktion, der Ausdruck eines faktischen Machtverhältnisses. Im Imperativ kommt gerade diese Relation der Über- und Unterordnung zum Ausdruck: ‚Tue dies, unterlasse jenes', spricht die Macht, die sich durchsetzt [74]."

In der Tat ist alles menschliche Sozialleben in Über- und Unterordnungsverhältnissen gegliedert. Anarchie ist kein realer sozialer Dauerzustand; als solcher ist sie nur eine Fiktion oder Utopie. Kelsen [75] meint zwar, die Relation der Über- und Unterordnung müsse im Recht „unbeachtet" bleiben. Aber gerade er knüpft das rechtliche Sollen in seiner obersten Spitze, der hypothetischen Grundnorm, an die Effektivität eines Machtverhältnisses an! Der Sache nach war unsere ganze vorangegangene Überlegung zum Begriff der positiven Rechtsgeltung der Klarstellung eines bestimmten Über- und Unterordnungsverhältnisses gewidmet, nämlich der *Rechtsherrschaft*, d. h. der *Effektivität* oder – besser: – der *Autorität* [76] eines positiven Rechts, also der Deutung eines seienden Sollen [77]!

Aber die *Legitimations*frage, die wir an dieses seiende Sollen, an die Effektivität oder Autorität der Rechtsherrschaft, stellen, kann nicht wieder durch ein Seinsurteil beantwortet werden. Wenn die Opfer der Inquisition die positiven Normen, nach denen sie verurteilt wurden, als „Unrecht" ansahen und nicht nur sie, sondern auch wir – und wenn wir dieses Urteil nicht – im „wertnihilistischen" Sinne – bloß als einen subjektiven Gefühlsausdruck registrieren, so muß die Gültigkeit dieses Werturteils in der Tat aus einer anderen Dimension kommen als der, mit der wir es bisher zu tun hatten. *Darin* liegt der Grund für die radikale Unterscheidung von Sollen und Sein. Historisch kommt hinzu, daß in der zweiten Hälfte des 19. Jahrhunderts aus der Verbindung eines verflachten Hegelianismus mit einem strahlungskräftigen Evolutionismus die Meinung entstanden war, daß das Gesollte nichts anderes sei als die Entwicklungstendenz des Seienden, so daß aus der Betrachtung des *Werdenden* ein wissenschaftlich gesicherter Zugang zum *Seinsollenden* besteht [77]. Gegen diese Meinung, die auch in der

[73] *Hans Kelsen,* Hauptprobleme, S. 226.
[74] *Kelsen,* Hauptprobleme, S. 228.
[75] *Kelsen,* Hauptprobleme, S. 228.
[76] „Autorität" (authority) ist enger und mehr als „Effektivität"; sie beruht auf dem „Legitimitätseinverständnis". Vgl. dazu (z. T. abweichend) *Arnold Ehrhardt,* Geltendes Recht, Festschrift f. Julius v. Gierke, 1950, S. 326 f.
[77] Im gleichen Sinne sogar auch *Adolf Merkel,* Holtzendorffs Enzyklopädie, I, S. 90.

historischen Schule der Nationalökonomie (Roscher, Knies, Schmoller) herrschend geworden war, hatte sich *Max Weber* leidenschaftlich gewendet. Entscheidend aber wurde die These von der *Unbeweisbarkeit* aller Werturteile, mit der zu Beginn des Jahrhunderts *Karl Theodor Welcker* seiner Zeit vorausgeeilt war. Sie findet sich zu Ende des Jahrhunderts bei *Georg Simmel* [78] und im südwestdeutschen Neukantianismus, vor allem bei *Heinrich Rickert,* auf den *Max Weber* wiederholt verweist. *Gustav Radbruch* [79] formulierte sie in einem vielzitierten Satz folgendermaßen: „Sollenssätze sind nicht der Erkenntnis, sondern nur des Bekenntnisses fähig." Es ist müßig, darüber zu streiten, ob es sich hierbei um „Relativismus" handelt oder nicht. *Rickert* [80] und *Max Weber* [81] haben diese Kennzeichnung als „gröbliches Mißverständnis" entschieden abgelehnt. *Radbruch* dagegen hat sich ausdrücklich zum „Relativismus" bekannt, ohne daß er sich dabei in der Sache, nämlich in der Überzeugung von der Unbeweisbarkeit der Sollenssätze und Werturteile, von Rickert und Weber irgendwie unterschiede [82]. Auch in den Konsequenzen ihrer Grundthese unterscheiden sie sich nicht: Sie führen zu dem Gedanken einer – theoretisch – grundlosen Wahl des einzelnen, die er in „letzter Entscheidung" aus der Tiefe seiner persönlichen Eigenart oder seines Gewissens vollziehen muß. Nach Rickert [83] muß sich die Philosophie als Wissenschaft – „eventuell" – „damit begnügen, auf Grund des Wertsystems die verschiedenen Formen einer Deutung des Lebenssinnes nebeneinander zu stellen und zu zeigen, welche von ihnen in sich konsequent sind und welche nicht. Im übrigen wird sie es dann dem einzelnen Individuum überlassen, die Weltanschauung zu *wählen,* die am besten zu seiner persönlichen außer- oder überwissenschaftlichen Eigenart paßt". Härter und kraftvoller heißt es bei *Max Weber* [84]: „Es handelt sich zwischen den Werten

[78] *Georg Simmel,* Einleitung in die Moralwissenschaft, 1892/93, S. 12 f.

[79] *Radbruch,* Rechtsphilosophie, 3. Aufl., S. 9; vgl. *Rickert,* System der Philosophie, Bd. 1, S. 150: „Die Geltung ethischer, ästhetischer, religiöser und anderer atheoretischer Kulturwerte ist jedem wissenschaftlichen Beweise entzogen".

[80] *Rickert,* System, S. 151 f.

[81] *Max Weber,* Wissenschaftslehre, S. 494.

[82] Zur Geschichte des Wertrelativismus vgl. *Arnold Brecht,* Politische Theorie, 1961.

[83] *Rickert,* System, S. 407.

[84] *Max Weber,* Wissenschaftslehre, S. 493. – Von *Max Weber* geht der rechtsphilosophische Relativismus des 20. Jahrhunderts aus; er erscheint dann bei *Hermann Kantorowicz* in seinem Aufsatz „Probleme der Strafrechtsvergleichung", Monatsschrift für Kriminalpsychologie und Strafrechtsreform, Bd. 4 (1908), S. 102: „Die Wahl der verschiedenen Standpunkte kann die Wissenschaft niemandem abnehmen". Sie geht über in *Radbruchs* Rechtsphilosophie, 1. Aufl., 1914, und findet sich in fast gleichlautenden Formulierungen

letztlich überall und immer wieder nicht nur um Alternativen, sondern um unüberbrückbar tödlichen Kampf, so wie zwischen Gott und Teufel... Die aller menschlicher Bequemlichkeit unwillkommene, aber unvermeidliche Frucht vom Baume der Erkenntnis ist keine andere als eben die: um jene Gegensätze wissen und also sehen zu müssen, daß jede einzelne wichtige Handlung und daß vollends das Leben als Ganzes, wenn es nicht wie ein Naturereignis dahingleiten, sondern bewußt geführt werden soll, eine Kette letzter Entscheidungen bedeutet, durch welche die Seele, wie bei Platon, ihr eigenes Schicksal – den Sinn ihres Tuns und Seins heißt das – wählt."

Aufschlußreich und weiterweisend verläuft derselbe Gedankengang bei *Radbruch,* der sich zunächst völlig in der gleichen Bahn zu halten scheint: „Die Wahl zwischen den aus den entgegengesetzten letzten Voraussetzungen systematisch entwickelten Rechtsauffassungen vermag die relativistische Rechtsphilosophie dem einzelnen nicht abzunehmen. Sie beschränkt sich darauf, ihm die Möglichkeiten der Stellungnahme erschöpfend vorzulegen, überläßt aber seine Stellungnahme selbst seinem aus der Tiefe der Persönlichkeit geschöpften Entschlusse – keineswegs also seinem Belieben, vielmehr seinem Gewissen [85]." Als Rechtstheoretiker erkennt er jedoch bald, daß dies nicht die letzte Antwort sein kann, denn „die Ordnung des Zusammenlebens kann den Rechtsanschauungen der zusammenlebenden Einzelnen nicht überlassen bleiben", da diese den „verschiedenen Menschen möglicherweise entgegengesetzte Weisungen erteilen". Darum müsse die soziale Ordnung durch eine überindividuelle Stelle eindeutig geregelt werden. „Da aber nach relativistischer Ansicht Vernunft und Wissenschaft diese Aufgabe zu erfüllen außerstande sind, so muß der *Wille* und die *Macht* sie übernehmen. Vermag niemand fest*zustellen,* was *gerecht* ist, so muß jemand fest*setzen,* was *rechtens* sein soll." „Soll das gesetzte Recht der Aufgabe genügen, den Widerstreit entgegengesetzter Rechtsanschauungen durch einen autoritativen Machtanspruch zu beenden, so muß die Setzung des Rechts einem *Willen* zustehen, dem auch eine *Durchsetzung* gegenüber jeder widerstrebenden Rechtsanschauung möglich ist. Wer Recht *durchzusetzen* vermag, beweist damit, daß

bei *Kelsen,* so z. B. in seiner Reinen Rechtslehre, 2. Aufl., S. 442, daß „die Entscheidung der Frage, was gerecht ist und was ungerecht ist, von der Wahl der Gerechtigkeitsnorm abhängt, die ... sehr verschieden beantwortet werden kann" und „daß diese Wahl nur wir selbst, jeder einzelne von uns, und daß sie niemand anderer, nicht Gott, nicht die Natur und auch nicht die Vernunft als objektive Autorität für uns treffen kann".

85 *Radbruch,* Rechtsphilosophie, 3. Aufl., S. 10 f. Auf das Gewissen stellte schon *Max Weber* 1904 ab: Wissenschaftslehre, S. 150.

er Recht zu *setzen* berufen ist[86]." In seinem Handexemplar bemerkte *Gustav Radbruch*[87] hierzu, eine solche Geltungslehre würde Carl Schmitt als „Dezisionismus" bezeichnen; insofern ist die im Zusammenhang mit der Diskussion um *Max Weber* gefallene Bemerkung von der „reductio ad Carl Schmitt" sogar historisch zu belegen!

Gerade am Recht und in der Rechtstheorie wird offenbar, daß die neukantische „Wertaskese", *Rickerts* „Pathos der Pathoslosigkeit", das vom theoretischen Menschen den Verzicht auf jedes Werturteil fordert, Gesellschaft und Staat dem factum brutum der Macht ausliefert: „Vermag niemand festzustellen, was *gerecht* ist, so muß jemand festsetzen, was *rechtens* sein soll." *Max Weber* hatte in seinem für die relativistische Rechtstheorie schlechthin grundlegenden Aufsatz über „Die ‚Objektivität' sozialwissenschaftlicher und sozialpolitischer Erkenntnis" (1904) auseinandergesetzt, daß zwar Werturteile jeder wissenschaftlichen Diskussion entzogen seien, daß wir aber die *Folgen* unserer Wertentscheidung, d. h. die Frage: Was kostet sie?, wissenschaftlich gültig festzustellen vermögen: „Die Wissenschaft kann ihm (dem Menschen) zum Bewußtsein verhelfen, daß *alles* Handeln und natürlich auch... das *Nicht*handeln in seinen Konsequenzen eine *Parteinahme* zugunsten bestimmter Werte bedeutet, und damit ... regelmäßig *gegen andere*"[88].

Gerade am Beispiel der Rechtsphilosophie *Radbruchs* wird deutlich, daß das, was *Max Weber* von dem wollenden und dem verantwortlich handelnden Menschen aussagt, in voller Schwere auch für den theoretischen Menschen zutrifft: Auch seine Wertaskese „kostet" etwas; auch sein „Nichthandeln", seine Enthaltsamkeit von Wertentscheidungen, ist eine Parteinahme und zwar eine sehr massive, nämlich – um die Worte Radbruchs zu gebrauchen – *für* die jeweilig sich durchsetzende, gegenüber „Vernunft und Wissenschaft" gleichgültige reale Macht, oder – mit Worten Max Webers – *für* das Leben als „*Naturereignis*"[89].

Auch *Kelsen*, der, wie die Neukantianer, aber im stärkeren Anschluß an *Georg Simmel*, von der „vollkommenen Disparität von Sein und Sollen" ausgeht, kommt auf eine ähnliche, nur noch radikalere Konsequenz hinaus: Der Unterschied zwischen Sein und Sollen könne nicht näher erklärt werden,

[86] *Radbruch*, Rechtsphilosophie, S. 81.
[87] *Radbruch*, Rechtsphilosophie, 4. Aufl., hg. von Erik Wolf, S. 179.
[88] *Max Weber*, Wissenschaftslehre, S. 149 f.
[89] Von diesen Konsequenzen aus gewinnt das scharfe Urteil von *Leo Strauss* über Max Webers „edlen Nihilismus" einige Berechtigung. Vgl. *Strauss*, Naturrecht und Geschichte, 1950, S. 50.

er sei unserem Bewußtsein unmittelbar gegeben [90]; das „Sollen" sei a simple notion just as ‚yellow' [91] und als einfacher Begriff weder definierbar noch analysierbar [92]. Aber, so fragt man, wenn das Sollen ein letzter undefinierbarer Bewußtseinsinhalt ist wie die Farbe „gelb", so muß es doch wenigstens aufzeigbar sein, damit jeder andere mit dem Worte Sollen den gleichen Inhalt verknüpfen kann wie der Redende. Der einzige Bewußtseinsakt, in dem uns das Sollen in dem hier gemeinten Sinne als normativ-verpflichtendes, verbindliches Sollen zur Gegebenheit kommt, ist das Gewissen. Demgemäß setzt auch *Kelsen* seine Grundunterscheidung von Sollen und Sein in der *Ethik* an: In seinen „Hauptproblemen" tat er es im Anschluß an Simmels „Einleitung in die Moralwissenschaft", in der jüngsten Auflage der Reinen Rechtslehre bezieht er sich auf einen Satz von *Arthur N. Prior* [93], daß es unmöglich sei, eine ethische Folgerung aus nichtethischen Prämissen zu ziehen. Ebenso stammen aus der ethischen Sphäre seine Begriffe, die er zur Unterscheidung des „objektiv gültigen" Sollens einer Norm von dem „subjektiven" Sollen eines Befehls verwendet: Das objektive Sollen einer Norm sei die den Adressaten „*bindende*", ihn „verpflichtende" Norm; nur sie könne die Effektivität eines Befehls „legitimieren" [94]. Deshalb wendet er gegen die generelle Anerkennungstheorie, die und soweit sie dahin verstanden wird, daß sie die *Verpflichtung* (auch) der Minderheit durch die Anerkennung des Rechts seitens der Mehrheit *rechtfertige* (legitimiere), durchschlagend ein: „Es müßte seltsam anmuten, wenn man die subjektive, individuelle *Rechtspflicht* eines einzelnen auf die Anerkennung gründen wolle, die nicht von ihm selbst, sondern von der Majorität seiner Genossen, also von anderen, ausgegangen ist" [95]. Ein Sollen kann stets nur von einem anderen Sollen abgeleitet werden; auch das Sollen einer positiven, wirksam gewordenen Rechtsordnung – wirksam dadurch, daß sie „im großen und ganzen angewendet und befolgt wird" – kann nur von einem vorausgesetzten höheren

[90] *Kelsen,* Hauptprobleme der Staatsrechtslehre, S. 7; Reine Rechtslehre, 2. Aufl., S. 5.

[91] Zitat nach *George Edward Moore,* Principia Ethica, 1922, S. 7.

[92] *Kelsen,* Reine Rechtslehre, S. 5, Anm. 1. – Der Einwand *D. Laktinens,* Zum Aufbau der rechtlichen Grundlagen, Helsinki, 1951, S. 63, daß Kelsen das Wort Sollen nirgends „definiere", ist daher nur bedingt richtig. Es ist in der Tat undefinierbar und nur „aufzeigbar". Aber Kelsen läßt den beim Aufzeigen gewonnenen Inhalt sofort wieder fallen!

[93] *Arthur N. Prior,* Logic and the Basis of Ethics, Oxford, 1944, S. 18.

[94] Vgl. z. B. *Kelsen,* Reine Rechtslehre, S. 7, 110, 212.

[95] *Kelsen,* Hauptprobleme, S. 367.

Sollen, einer die Rechtsordnung *legitimierenden* hypothetischen Grundnorm, abgeleitet werden.

Dieser Gedankengang Kelsens ist insoweit m. E. zwingend. Aber entscheidend ist, daß in seinem Verlauf der Sollensbegriff seinen Ausgangsinhalt völlig verliert, und zwar unmittelbar, nachdem Kelsen die Disparität des Sollens vom Sein am *ethischen* Sollen aufgezeigt hat! An die Stelle eines aus der Ethik stammenden und in ihr allein aufzeigbaren Grundbegriffes setzt Kelsen eine gedankliche „Hypothese“ [96], genauer und präziser: die *Fiktion* einer Norm, die, wie er neuestens lehrt, auf einen fiktiven Willensakt zurückgeht [97]. Das Sollen wird zum fiktiven Deutungsschema, nach dem sich *jedes* positive Recht, d. h. *jede* im großen und ganzen wirksame Zwangsordnung als objektiv-gültige, normativ-verpflichtende Ordnung deuten läßt [98], genauer: sich dahin deuten läßt, *als ob* es eine objektiv-gültige, normativ-verpflichtende Ordnung wäre. Denn mit dem fiktiven Charakter der Grundnorm (des höchsten Sollens) nimmt die ganze, aus ihr abgeleitete Verpflichtungs- und Berechtigungsreihe (einschließlich der „Legitimation“) einen *fiktiven* Charakter an: sie wird zum „fachideologischen Überbau des Tatsächlichen“ (Theodor Geiger [99]). Die Legitimität verschwindet in der Effektivität: Recht ist „eine bestimmte Organisation der Macht“ [100].

Das für das Rechtsproblem Bemerkenswerte an diesen Gedankenreihen – den Rickert-Weber-Radbruchschen ebenso wie den Kelsenschen – ist, daß sie zwar mit starken Worten von dem „allerelementarsten Gegensatz zwischen Sein und Sollen“ und von deren völliger gegenseitiger Unabhängigkeit ausgehen, daß sie aber im Verlauf ihrer Gedankenkette eines der beiden „elementaren“ Beziehungsglieder – das Sollen – ausfallen lassen, weil sie es zuletzt auf das „Sein“ in Gestalt der faktisch-überlegenen Befehlsmacht reduzieren. Dieses Ergebnis ist deshalb so bemerkenswert, weil sich ihre Ausgangsthese, daß Sollenssätze des Beweises nicht fähig seien, gar nicht auf den *Bestand* des Sollens, sondern nur auf seinen *Inhalt* bezieht. Den *Bestand* des

[96] Auch hierin ist *Max Weber* vorangegangen: In seiner Stammler-Kritik (1907) sagt er vom „Gelten“ eines Rechtssatzes im „juristisch-idealen Sinne“, es sei „ein für das wissenschaftliche Gewissen desjenigen, der juristische Wahrheit *will*, verbindliches gedankliches Verhältnis von *Begriffen* zueinander: ein Gelten-Sollen bestimmter Gedankengänge für den juristischen Intellekt“. *Max Weber*, Wissenschaftslehre, S. 347.

[97] *Kelsen* bei *Schmoelz*, Das Naturrecht in der politischen Theorie (Internationales Forschungszentrum für Grundfragen der Wissenschaft in Salzburg) 1963, S. 119.

[98] *Kelsen*, Reine Rechtslehre, S. 224.

[99] *Theodor Geiger*, Vorstudien zu einer Soziologie des Rechts, 1947, S. 206.

[100] *Kelsen*, Reine Rechtslehre, S. 221.

Sollens setzen sie „axiomatisch“ [101] als letzte „Gegebenheit“ voraus und verneinen nur die Möglichkeit rationaler Aussagen über seinen Inhalt.

Geht man aber vom Sollen als *Axiom* aus und fragt, wo es uns als „letzte Gegebenheit“ zum Bewußtsein kommt, so weist es auf jene „Instanz“ hin, die uns im *Gewissen* vernehmbar wird und die uns in unserem innersten Sein in Anspruch nimmt und verpflichtet: Sollen ist das den Menschen vor eine letzte Instanz stellende, unbedingte Verpflichtetsein. Mit der Bezeichnung „Axiom“ soll dabei ausgedrückt werden, daß das „Sollen“ mehr ist als ein bloß subjektives Gefühl, daß es vielmehr objektiven Bestand hat, das heißt, daß es zwar wie jedes Axiom dem unmittelbaren Beweis entzogen ist, daß aber über die *Konsequenzen seiner Leugnung rationale Aussagen* („transmissibles Wissen“) [102] möglich sind, die Schlüsse auf seinen *objektiven* Bestand zulassen. Im sozialen Felde sind diese Konsequenzen, wie *Hans Ryffel* [103] es drastisch formuliert hat, „das gegenseitige Einschlagen der Köpfe. Auch wenn dies glücklicherweise nicht jederzeit praktiziert werden mag, so ist es doch – sofern die Ausrichtung auf das Absolute als tragenden Grundsinn verworfen wird – die nunmehr letztlich alles tragende Grundannahme, und zwar als ständig gegenwärtige Möglichkeit, die jederzeit aktualisiert werden kann“. Und in den Intervallen des gegenseitigen Köpfeeinschlagens besteht die Konsequenz in der Stabilisierung einer überlegenen Macht, die aus dem Gehorsam einer die realen Machtmittel verwaltenden Anhängerschaft resultiert, der eine nichtkonforme Gruppe bedingungslos ausgeliefert ist – bis ein neues Köpfeeinschlagen eine neue Machtkonstellation entstehen läßt. Damit aber hebt die *Leugnung des Sollens* zugleich die Voraussetzungen auf, auf der sie als *rationale* Aussage beruht. *Denn als rationale Aussage kann sie nicht bloß die Funktion (das Ergebnis) der jeweiligen Macht sein, sondern muß außerhalb jeder Bedingtheit durch die überlegene Macht allein der Wahrheit verpflichtet sein, sonst hörte sie auf, eine rationale Aussage zu sein. Selbst der theoretische Wertnihilist lebt letztlich von der Freiheit, die ihm die innere Bindung an die Wahrheit gewährt.*

Ist also das Sollen als das den Menschen vor eine letzte Instanz stellende, unbedingte Verpflichtetsein unaufhebbar, so enthält es – zunächst ungeachtet dessen, wofür es uns in Anspruch nimmt, also unabhängig von seinem Inhalt – eine Aussage über *den,* der in Anspruch genommen wird: den

[101] *Radbruch,* Rechtsphilosophie, S. 9.

[102] Nach dem Ausdruck von *Arnold Brecht;* s. o. Anm. 82.

[103] *Hans Ryffel,* Sinn und Unsinn des wissenschaftlichen Wertrelativismus; Studia Philosophica, Jahrbuch der Schweiz. Philosophischen Gesellschaft, Bd. 22, S. 191 f.

Menschen als das für den Sinn seines Tuns und Lebens verantwortliche Wesen (als verantwortliche Person) [104]. Darin liegt zugleich eine Aussage von eminent sozialer Struktur; denn sie gilt für jeden Menschen und bedeutet, *daß jeder Mensch seinen Mitmenschen als ebenso verantwortliche Person wie sich selbst respektieren muß.* Und für das Recht bedeutet es: Wo das Recht den Menschen nicht nur als überlegene Macht zwingen, sondern ihn als Sollen verpflichten will, da muß es ihn als verantwortliche Person anerkennen.

Diese Aussage über die Korrelation von Sollen und verantwortlicher Person steht noch *vor* jeder Wahl zwischen den „höchsten Idealen" im Sinne von Max Weber, ist also ihrerseits nicht das Ergebnis einer Wahl zwischen den höchsten Idealen. Daher ist sie für die Gestaltung des Soziallebens von fundamentaler Bedeutung: Die Anerkennung des Menschen als verantwortlicher Person (genauer: als zur Selbstverantwortung bestimmter Person) ist die Mindestvoraussetzung einer Rechtsordnung, d. h. einer herrschaftlichen Sozialordnung, die nicht nur durch überlegene Macht zwingen, sondern auch als Sollensordnung verpflichten will.

Damit gerät das, was wir im ersten Teil unserer Überlegungen am positiven Recht erkannt haben, unter einen neuen Aspekt. Die Erzeugung positiven Rechts ergibt sich, so sahen wir, aus einem Doppelakt: dem der *Gesetzgebung* (der Normsetzung) und dem der *Normanerkennung.* Dieser Doppelakt muß in beiden Phasen als ein Versuch verstanden werden, eine *verpflichtende* Ordnung für das Zusammenleben einer Menschengruppe in der Zeit zu schaffen. Daß es hierfür kein allgemeingültiges Rezept gibt, das ist der berechtigte Kern der These, daß Sollenssätze nicht der Erkenntnis fähig seien: Weder die Natur noch die geschichtliche Entwicklung, weder Naturgesetze noch Geschichtsgesetze können uns bindende Aufschlüsse darüber geben, was in einer geschichtlichen Lage die *richtige* Sozialordnung ist.

Recht ist ein Komplex von Sinnentwürfen für die Ordnung des Soziallebens, die auf der Grundlage überkommener institutioneller Formungen unter den konkreten Bedingungen ihrer Gegenwart teils weitergeführt, teils neu formuliert und festgelegt werden. Hieran ist die Arbeit des Gesetzgebers ebenso beteiligt wie deren Aufnahme und Fortbildung im allgemeinen Rechtsbewußtsein, vor allem im Medium der Rechtsprechung und der Rechts-

[104] Vgl. *Welzel,* Naturrecht und materiale Gerechtigkeit, 4. Aufl., 1962, S. 236 ff.

lehre. Sie alle stehen unter dem Anruf des Sollens, eine richtige, gerechte Ordnung in der Zeit zu finden. Weil es dafür keine allgemeingültigen Rezepte gibt, erweist sich die Doppelung des Rechtserzeugungsvorganges von entscheidender Bedeutung: Die Aufnahme, die die Normsetzung des Machthabers im Rechtsbewußtsein des Volkes finden muß, um positives Recht zu werden, ist in ihrer Wirkung ein Korrektiv für geschichtlich verfehlte Entscheidungen des Machthabers. Sogar Hitler hatte hierfür einen richtigen Instinkt, daß er die Euthanasie- und Endlösungsbefehle als *Geheim*befehle erließ, weil nach seiner Meinung das Rechtsbewußtsein des Volkes hierfür noch nicht „reif" war. Umgekehrt wird verständlich, daß man als die „eigentliche" Rechtsquelle immer wieder „das Rechtsbewußtsein des Volkes", seine „moralischen Kräfte" oder seine „ethischen Rechtsgrundsätze", den „Volksgeist" oder den „objektiven Geist" namhaft gemacht hat. Sie alle weisen auf jenen Rechtserzeugungsfaktor hin, der geschichtlich konstanter ist und dem Verfall weniger leicht erliegt als der Wille des Gesetzgebers. Aber auch das Rechtsbewußtsein des Volkes – oder wie man es sonst nennen mag – ist nicht das durch seine Existenz Richtige, ist nicht – wie es Binder genannt hat – „die Wirklichkeit des Geistes" [105], sondern nur ein *Versuch*, das Richtige in der Zeit zu formulieren – ein Versuch, von dem die Geschichte zeigt, daß er in gewissen Zeiten ebenso mißlingen kann wie die Akte des Gesetzgebers. Darum darf man auch das Rechtsbewußtsein des Volkes nicht absolut setzen und die von ihm abweichende Minderheit nicht der Verdammnis preisgeben, nachdem man sie zuvor ideell in die „Unwirklichkeit des Geistes" oder das „Nichtseiende" verwiesen hat.

Was daraus für die Gestaltung des positiven Rechtes folgt, habe ich in anderen Schriften wiederholt ausgeführt [106], so daß ich es hier nur stichwortartig angeben kann: Der Prozeß der staatlichen Willensbildung muß unter dem Prinzip der gegenseitigen Toleranz stehen; das Recht muß sich auf das „ethische Minimum" und auf die *Grundzüge* der Sozialinstitutionen beschränken; die Gewissenhaftigkeit der abweichenden echten Gewissensüberzeugung muß in der Art der Rechtsfolgen Berücksichtigung finden u. a. m.

Das in der Geschichte nie endende Ringen um die richtige Gestaltung der Sozialverhältnisse muß vom positiven Recht in solche Bahnen gelenkt und gehalten werden, daß es eine *geistige* Auseinandersetzung bleibt und nicht

[105] So *Binder*, Grundlegung zur Rechtsphilosophie, S. 160.

[106] Vgl. *Welzel*, Naturrecht und materiale Gerechtigkeit, 4. Aufl., S. 236 ff.; Gesetz und Gewissen, in: „100 Jahre deutsches Rechtsleben", Festschrift zum 100jährigen Bestehen des Deutschen Juristentages, 1960, I, S. 383 ff.

durch die Vergewaltigung oder gar durch die Vernichtung von Menschen durch Menschen beendet wird. Dies ist die entscheidende sozialethische Funktion des positiven Rechts, die weit über den Bereich des Rechts hinausgeht und zeigt, daß eine Interdependenz zwischen dem Zustand des positiven Rechts und dem wirklichen sittlichen Leben eines Volkes besteht. Mit gutem Grunde setzte *Leonhard Nelson* seinem „System der philosophischen Rechtslehre und Politik" den Satz von *Kant* voran, mit dem ich auch unsere Betrachtung schließen möchte, daß „nicht von der Moralität die gute Staatsverfassung, sondern vielmehr umgekehrt von der letzteren allererst die gute moralische Bildung eines Volkes zu erwarten ist" [107].

[107] Vgl. auch Streit der Fakultäten II 9 (Philos. Bibliothek, Bd. 46 d, S. 139): „Nicht ein immer wachsendes Quantum der Moralität in der Gesinnung, sondern Vermehrung der Produkte ihrer Legalität in pflichtmäßigen Handlungen ..., d. i. in die guten *Taten* der Menschen, die immer zahlreicher und besser ausfallen werden, also in die Phänomene der sittlichen Beschaffenheit des Menschengeschlechts wird der Ertrag (das Resultat) der Bearbeitung desselben zum Besseren allein gesetzt werden können."

Summary

The lecture not only deals with the positive or de facto validity (the "effectiveness") but, also, with the normative, obligatory validity of right (its "legitimacy"). For the definition of positive validity, he refers to the "theories of recognizance" originating from the 19th century whereby, however, he divorces the general theory of recognizance prevailingly adopted today from the older, "individual", theories of recognizance. Utilizing the decisive factor of recognizance, he separates the positive validity of the legal right from the mere enforcement (in the sense of the theory of constraint).

The second part of the lecture deals with the question if and under what prerequisites an actual existing positive right is also allocated a normative obligatory power ("normative" validity). He demonstrates the necessity of such a question on the "nihilism of values" of extremist sociological trends. Realistically and gradually he unfolds the problem by the course the "dualism of is and should be" by Kelsen on one hand and Rickert, Max Weber, Radbruch on the other, took, and which lead, with their trains of thought in agreement, to the forfeiture of the "should be" to the "is" of the existing de facto power at the times. In doing so, they destroyed the prerequisites from which they themselves started off, not only as practical-acting but, also, as theoretical-thinking men, in one and the same breath. Based on the prerequisites which even the theoretical "value-nihilist" must form, the lecture eventually developes the elements of normative validity which also confer onto the positive right its full normative validity of right.

Résumé

Le discours traite non seulement la valeur positive ou pratique (de « l'efficacité ») mais également la valeur légale obligatoire du droit (de son « légitimité »). Pour déterminer la valeur positive, il y engage la « théorie de la reconnaissance » établie au XIXe siècle, en séparant distinctivement la théorie de reconnaissance générale, principalement admise de nos jours, des anciennes théories de reconnaissance « individuelles ». A l'aide du moment de reconnaissance, il distingue la valeur positive du droit de sa pure faculté de s'imposer (dans le sens de la théorie de coercition).

La deuxième partie du discours traite le problème, si et sous quelles conditions données revient également un pouvoir d'engagement légal (valeur « légale ») à un droit positif existant de fait. Il fait tout d'abord confronter la nécessité d'une telle question avec le « nihilisme de valeur » des tendances sociologiques extrémistes. Il expose objectivement ce problème par la voie prise par le « dualisme de l'être et du devoir » appliqué par Kelsen, d'une part, et par Rickert, Max Weber, Radbruch, d'autre part, dont il conduit, d'une manière concordante, le cours des idées à la perte du devoir dans l'être de la puissance légale chaque fois existante. Par là, ils ont simultanément anéanti les conditions préalables à partir desquelles ils sont partis eux-mêmes non seulement comme individus pratiquement agissants, mais aussi comme individus pensant théoriquement. Pour terminer, le discours développe, à partir des conditions préalables que doit faire même le « nihiliste de valeur » théoricien, les éléments de valeur légaux qui, aussi, confèrent l'entière valeur légale au droit positif.

VERÖFFENTLICHUNGEN
DER ARBEITSGEMEINSCHAFT FÜR FORSCHUNG
DES LANDES NORDRHEIN-WESTFALEN

AGF-N Heft Nr.		NATUR-, INGENIEUR- UND GESELLSCHAFTSWISSENSCHAFTEN
1	*Friedrich Seewald, Aachen*	Neue Entwicklungen auf dem Gebiete der Antriebsmaschinen
	Fritz A. F. Schmidt, Aachen	Technischer Stand und Zukunftsaussichten der Verbrennungsmaschinen, insbesondere der Gasturbinen
	Rudolf Friedrich, Mülheim (Ruhr)	Möglichkeiten und Voraussetzungen der industriellen Verwertung der Gasturbine
2	*Wolfgang Riezler †, Bonn*	Probleme der Kernphysik
	Fritz Micheel, Münster	Isotope als Forschungsmittel in der Chemie und Biochemie
3	*Emil Lehnartz, Münster*	Der Chemismus der Muskelmaschine
	Gunther Lehmann, Dortmund	Physiologische Forschung als Voraussetzung der Bestgestaltung der menschlichen Arbeit
	Heinrich Kraut, Dortmund	Ernährung und Leistungsfähigkeit
4	*Franz Wever, Düsseldorf*	Aufgaben der Eisenforschung
	Hermann Schenck, Aachen	Entwicklungslinien des deutschen Eisenhüttenwesens
	Max Haas, Aachen	Die wirtschaftliche und technische Bedeutung der Leichtmetalle und ihre Entwicklungsmöglichkeiten
5	*Walter Kikuth, Düsseldorf*	Virusforschung
	Rolf Danneel, Bonn	Fortschritte der Krebsforschung
	Werner Schulemann, Bonn	Wirtschaftliche und organisatorische Gesichtspunkte für die Verbesserung unserer Hochschulforschung
6	*Walter Weizel, Bonn*	Die gegenwärtige Situation der Grundlagenforschung in der Physik
	Siegfried Strugger †, Münster	Das Duplikantenproblem in der Biologie
	Fritz Gummert †, Essen	Überlegungen zu den Faktoren Raum und Zeit im biologischen Geschehen und Möglichkeiten einer Nutzanwendung
7	*August Götte, Aachen*	Steinkohle als Rohstoff und Energiequelle
	Karl Ziegler, Mülheim (Ruhr)	Über Arbeiten des Max-Planck-Instituts für Kohlenforschung
	Wilhelm Fucks, Aachen	Die Naturwissenschaft, die Technik und der Mensch
	Walther Hoffmann, Münster	Wirtschaftliche und soziologische Probleme des technischen Fortschritts
9	*Franz Bollenrath, Aachen*	Zur Entwicklung warmfester Werkstoffe
	Heinrich Kaiser, Dortmund	Stand spektralanalytischer Prüfverfahren und Folgerung für deutsche Verhältnisse
10	*Hans Braun, Bonn*	Möglichkeiten und Grenzen der Resistenzzüchtung
	Carl Heinrich Dencker, Bonn	Der Weg der Landwirtschaft von der Energieautarkie zur Fremdenergie
11	*Herwart Opitz, Aachen*	Entwicklungslinien der Fertigungstechnik in der Metallbearbeitung
	Karl Krekeler, Aachen	Stand und Aussichten der schweißtechnischen Fertigungsverfahren
12	*Hermann Rathert, W'tal-Elberfeld*	Entwicklung auf dem Gebiet der Chemiefaser-Herstellung
	Wilhelm Weltzien †, Krefeld	Rohstoff und Veredlung in der Textilwirtschaft
13	*Karl Herz, Frankfurt a. M.*	Die technischen Entwicklungstendenzen im elektrischen Nachrichtenwesen
	Leo Brandt, Düsseldorf	Navigation und Luftsicherung
14	*Burckhardt Helferich, Bonn*	Stand der Enzymchemie und ihre Bedeutung
	Hugo Wilhelm Knipping, Köln	Ausschnitt aus der klinischen Carcinomforschung am Beispiel des Lungenkrebses

15	*Abraham Esau †, Aachen*	Ortung mit elektrischen u. Ultraschallwellen in Technik u. Natur
	Eugen Flegler, Aachen	Die ferromagnetischen Werkstoffe der Elektrotechnik und ihre neueste Entwicklung
16	*Rudolf Seyffert, Köln*	Die Problematik der Distribution
	Theodor Beste, Köln	Der Leistungslohn
17	*Friedrich Seewald, Aachen*	Die Flugtechnik und ihre Bedeutung für den allgemeinen technischen Fortschritt
	Edouard Houdremont †, Essen	Art und Organisation der Forschung in einem Industriekonzern
18	*Werner Schulemann, Bonn*	Theorie und Praxis pharmakologischer Forschung
	Wilhelm Groth, Bonn	Technische Verfahren zur Isotopentrennung
19	*Kurt Traenckner †, Essen*	Entwicklungstendenzen der Gaserzeugung
20	*M. Zvegintzov, London*	Wissenschaftliche Forschung und die Auswertung ihrer Ergebnisse Ziel und Tätigkeit der National Research Development Corporation
	Alexander King, London	Wissenschaft und internationale Beziehungen
21	*Robert Schwarz †, Aachen*	Wesen und Bedeutung der Siliciumchemie
	Kurt Alder †, Köln	Fortschritte in der Synthese der Kohlenstoffverbindungen
21 a	*Karl Arnold †*	Forschung an Rhein und Ruhr
	Otto Hahn, Göttingen	Die Bedeutung der Grundlagenforschung für die Wirtschaft
	Siegfried Strugger †, Münster	Die Erforschung des Wasser- und Nährsalztransportes im Pflanzenkörper mit Hilfe der fluoreszenzmikroskopischen Kinematographie
22	*Johannes von Allesch, Göttingen*	Die Bedeutung der Psychologie im öffentlichen Leben
	Otto Graf, Dortmund	Triebfedern menschlicher Leistung
23	*Bruno Kuske, Köln*	Zur Problematik der wirtschaftswissenschaftlichen Raumforschung
	Stephan Prager, Düsseldorf	Städtebau und Landesplanung
24	*Rolf Danneel, Bonn*	Über die Wirkungsweise der Erbfaktoren
	Kurt Herzog, Krefeld	Der Bewegungsbedarf der menschlichen Gliedmaßengelenke bei der Arbeit
25	*Otto Haxel, Heidelberg*	Energiegewinnung aus Kernprozessen
	Max Wolf, Düsseldorf	Gegenwartsprobleme der energiewirtschaftlichen Forschung
26	*Friedrich Becker, Bonn*	Ultrakurzwellenstrahlung aus dem Weltraum
	Hans Straßl, Münster	Bemerkenswerte Doppelsterne und das Problem der Sternentwicklung
27	*Heinrich Behnke, Münster*	Der Strukturwandel der Mathematik in der ersten Hälfte des 20. Jahrhunderts
	Emanuel Sperner, Hamburg	Eine mathematische Analyse der Luftdruckverteilungen in großen Gebieten
28	*Oskar Niemczyk †, Berlin*	Die Problematik gebirgsmechanischer Vorgänge im Steinkohlenbergbau
	Wilhelm Ahrens, Krefeld	Die Bedeutung geologischer Forschung für die Wirtschaft, besonders in Nordrhein-Westfalen
29	*Bernhard Rensch, Münster*	Das Problem der Residuen bei Lernvorgängen
	Hermann Fink, Köln	Über Leberschäden bei der Bestimmung des biologischen Wertes verschiedener Eiweiße von Mikroorganismen
30	*Friedrich Seewald, Aachen*	Forschungen auf dem Gebiet der Aerodynamik
	Karl Leist †, Aachen	Einige Forschungsarbeiten aus der Gasturbinentechnik
31	*Fritz Mietzsch †, Wuppertal*	Chemie und wirtschaftliche Bedeutung der Sulfonamide
	Gerhard Domagk †, Wuppertal	Die experimentellen Grundlagen der bakteriellen Infektionen
32	*Hans Braun, Bonn*	Die Verschleppung von Pflanzenkrankheiten und Schädlingen über die Welt
	Wilhelm Rudorf, Köln	Der Beitrag von Genetik und Züchtung zur Bekämpfung von Viruskrankheiten der Nutzpflanzen

33	*Volker Aschoff, Aachen*	Probleme der elektroakustischen Einkanalübertragung
	Herbert Döring, Aachen	Die Erzeugung und Verstärkung von Mikrowellen
34	*Rudolf Schenck, Aachen*	Bedingungen und Gang der Kohlenhydratsynthese im Licht
	Emil Lehnartz, Münster	Die Endstufen des Stoffabbaues im Organismus
34a	*Wilhelm Fucks, Aachen*	Mathematische Analyse von Sprachelementen, Sprachstil und Sprachen
35	*Hermann Schenck, Aachen*	Gegenwartsprobleme der Eisenindustrie in Deutschland
	Eugen Piwowarsky †, Aachen	Gelöste und ungelöste Probleme im Gießereiwesen
36	*Wolfgang Riezler †, Bonn*	Teilchenbeschleuniger
	Gerhard Schubert, Hamburg	Anwendungen neuer Strahlenquellen in der Krebstherapie
37	*Franz Lotze, Münster*	Probleme der Gebirgsbildung
38	*E. Colin Cherry, London*	Kybernetik. Die Beziehung zwischen Mensch und Maschine
	Erich Pietsch, Frankfurt	Dokumentation und mechanisches Gedächtnis – zur Frage der Ökonomie der geistigen Arbeit
39	*Abraham Esau †, Aachen*	Der Ultraschall und seine technischen Anwendungen
	Heinz Haase, Hamburg	Infrarot und seine technischen Anwendungen
40	*Fritz Lange, Bochum-Hordel*	Die wirtschaftliche und soziale Bedeutung der Silikose im Bergbau
	Walter Kikuth und Werner Schlipköter, Düsseldorf	Die Entstehung der Silikose und ihre Verhütungsmaßnahmen
40a	*Eberhard Gross, Bonn*	Berufskrebs und Krebsforschung
	Hugo Wilhelm Knipping, Köln	Die Situation der Krebsforschung vom Standpunkt der Klinik
41	*Gustav Victor Lachmann, London*	An einer neuen Entwicklungsschwelle im Flugzeugbau
	A. Gerber, Zürich-Oerlikon	Stand der Entwicklung der Raketen- und Lenktechnik
42	*Theodor Kraus, Köln*	Über Lokalisationsphänomene und Ordnungen im Raume
	Fritz Gummert †, Essen	Vom Ernährungsversuchsfeld der Kohlenstoffbiologischen Forschungsstation Essen
42a	*Gerhard Domagk †, Wuppertal*	Fortschritte auf dem Gebiet der experimentellen Krebsforschung
43	*Giovanni Lampariello, Rom*	Das Leben und das Werk von Heinrich Hertz
	Walter Weizel, Bonn	Das Problem der Kausalität in der Physik
43a	*Jose Ma Albareda, Madrid*	Die Entwicklung der Forschung in Spanien
44	*Burckhardt Helferich, Bonn*	Über Glykoside
	Fritz Micheel, Münster	Kohlenhydrat-Eiweißverbindungen und ihre biochemische Bedeutung
45	*John von Neumann †, Princeton*	Entwicklung und Ausnutzung neuerer mathematischer Maschinen
	Eduard Stiefel, Zürich	Rechenautomaten im Dienste der Technik
46	*Wilhelm Weltzien †, Krefeld*	Ausblick auf die Entwicklung synthetischer Fasern
	Walther G. Hoffmann, Münster	Wachstumsprobleme der Wirtschaft
47	*Leo Brandt, Düsseldorf*	Die praktische Förderung der Forschung in Nordrhein-Westfalen
	Ludwig Raiser, Tübingen	Die Förderung der angewandten Forschung durch die Deutsche Forschungsgemeinschaft
48	*Hermann Tromp, Rom*	Die Bestandsaufnahme der Wälder der Welt als internationale und wissenschaftliche Aufgabe
	Franz Heske, Hamburg	Die Wohlfahrtswirkungen des Waldes als internationales Problem
49	*Günther Böhnecke, Hamburg*	Zeitfragen der Ozeanographie
	Heinz Gabler, Hamburg	Nautische Technik und Schiffssicherheit
50	*Fritz A. F. Schmidt, Aachen*	Probleme der Selbstzündung und Verbrennung bei der Entwicklung der Hochleistungskraftmaschinen
	August Wilhelm Quick, Aachen	Ein Verfahren zur Untersuchung des Austauschvorganges in verwirbelten Strömungen hinter Körpern mit abgelöster Strömung
51	*Johannes Pätzold, Erlangen*	Therapeutische Anwendung mechanischer und elektrischer Energie

52	*F. W. A. Patmore, London*	Der Air Registration Board und seine Aufgaben im Dienste der britischen Flugzeugindustrie
	A. D. Young, London	Gestaltung der Lehrtätigkeit in der Luftfahrttechnik in Großbritannien
52a	*C. Martin, London*	Die Royal Society
	A. J. A. Roux, Südafrikanische Union	Probleme der wissenschaftlichen Forschung in der Südafrikanischen Union
53	*Georg Schnadel, Hamburg*	Forschungsaufgaben zur Untersuchung der Festigkeitsprobleme im Schiffbau
	Wilhelm Sturtzel, Duisburg	Forschungsaufgaben zur Untersuchung der Widerstandsprobleme im See- und Binnenschiffbau
53a	*Giovanni Lampariello, Rom*	Von Galilei zu Einstein
54	*Walter Dieminger, Lindau/Harz*	Ionosphäre und drahtloser Weitverkehr
54a	*John Cockcroft, Cambridge*	Die friedliche Anwendung der Atomenergie
55	*Fritz Schultz-Grunow, Aachen*	Kriechen und Fließen hochzäher und plastischer Stoffe
	Hans Ebner, Aachen	Wege und Ziele der Festigkeitsforschung, insbesondere im Hinblick auf den Leichtbau
56	*Ernst Derra, Düsseldorf*	Der Entwicklungsstand der Herzchirurgie
	Gunther Lehmann, Dortmund	Muskelarbeit und Muskelermüdung in Theorie und Praxis
57	*Theodor von Kármán †, Pasadena*	Freiheit und Organisation in der Luftfahrtforschung
	Leo Brandt, Düsseldorf	Bericht über den Wiederbeginn deutscher Luftfahrtforschung
58	*Fritz Schröter, Ulm*	Neue Forschungs- und Entwicklungsrichtungen im Fernsehen
	Albert Narath, Berlin	Der gegenwärtige Stand der Filmtechnik
59	*Richard Courant, New York*	Die Bedeutung der modernen mathematischen Rechenmaschinen für mathematische Probleme der Hydrodynamik und Reaktortechnik
	Ernst Peschl, Bonn	Die Rolle der komplexen Zahlen in der Mathematik und die Bedeutung der komplexen Analysis
60	*Wolfgang Flaig, Braunschweig*	Zur Grundlagenforschung auf dem Gebiet des Humus und der Bodenfruchtbarkeit
	Eduard Mückenhausen, Bonn	Typologische Bodenentwicklung und Bodenfruchtbarkeit
61	*Walter Georgii, München*	Aerophysikalische Flugforschung
	Klaus Oswatitsch, Aachen	Gelöste und ungelöste Probleme der Gasdynamik
62	*Adolf Butenandt, München*	Über die Analyse der Erbfaktorenwirkung und ihre Bedeutung für biochemische Fragestellungen
63	*Oskar Morgenstern, Princeton*	Der theoretische Unterbau der Wirtschaftspolitik
64	*Bernhard Rensch, Münster*	Die stammesgeschichtliche Sonderstellung des Menschen
65	*Wilhelm Tönnis, Köln*	Die neuzeitliche Behandlung frischer Schädelhirnverletzungen
65a	*Siegfried Strugger †, Münster*	Die elektronenmikroskopische Darstellung der Feinstruktur des Protoplasmas mit Hilfe der Uranylmethode und die zukünftige Bedeutung dieser Methode für die Erforschung der Strahlenwirkung
66	*Wilhelm Fucks, Gerd Schumacher und Andreas Scheidweiler, Aachen*	Bildliche Darstellung der Verteilung und der Bewegung von radioaktiven Substanzen im Raum, insbesondere von biologischen Objekten (Physikalischer Teil)
	Hugo Wilhelm Knipping und Erich Liese, Köln	Bildgebung von Radioisotopenelementen im Raum bei bewegten Objekten (Herz, Lungen etc.) (Medizinischer Teil)
67	*Friedrich Paneth †, Mainz*	Die Bedeutung der Isotopenforschung für geochemische und kosmochemische Probleme
	J. Hans D. Jensen und H. A. Weidenmüller, Heidelberg	Die Nichterhaltung der Parität
67a	*Francis Perrin, Paris*	Die Verwendung der Atomenergie für industrielle Zwecke
68	*Hans Lorenz, Berlin*	Forschungsergebnisse auf dem Gebiete der Bodenmechanik als Wegbereiter für neue Gründungsverfahren
	Georg Garbotz, Aachen	Die Bedeutung der Baumaschinen- und Baubetriebsforschung für die Praxis

69	*Maurice Roy, Chatillon*	Luftfahrtforschung in Frankreich und ihre Perspektiven im Rahmen Europas
	Alexander Naumann, Aachen	Methoden und Ergebnisse der Windkanalforschung
69a	*Harry W. Melville, London*	Die Anwendung von radioaktiven Isotopen und hoher Energiestrahlung in der polymeren Chemie
70	*Eduard Justi, Braunschweig*	Elektrothermische Kühlung und Heizung. Grundlagen und Möglichkeiten
	Richard Vieweg, Braunschweig	Maß und Messen in Geschichte und Gegenwart
71	*Fritz Baade, Kiel*	Gesamtdeutschland und die Integration Europas
	Günther Schmölders, Köln	Ökonomische Verhaltensforschung
72	*Rudolf Wille, Berlin*	Modellvorstellungen zum Übergang Laminar-Turbulent
	Josef Meixner, Aachen	Neuere Entwicklung der Thermodynamik
73	*Ake Gustafsson, Diter v. Wettstein und Lars Ehrenberg, Stockholm*	Mutationsforschung und Züchtung
	Joseph Straub, Köln	Mutationsauslösung durch ionisierende Strahlung
74	*Martin Kersten, Aachen*	Neuere Versuche zur physikalischen Deutung technischer Magnetisierungsvorgänge
	Günther Leibfried, Aachen	Zur Theorie idealer Kristalle
75	*Wilhelm Klemm, Münster*	Neue Wertigkeitsstufen bei den Übergangselementen
	Helmut Zahn, Aachen	Die Wollforschung in Chemie und Physik von heute
76	*Henri Cartan, Paris*	Nicolas Bourbaki und die heutige Mathematik
76a	*Harald Cramér, Stockholm*	Aus der neueren mathematischen Wahrscheinlichkeitslehre
77	*Georg Melchers, Tübingen*	Die Bedeutung der Virusforschung für die moderne Genetik
	Alfred Kühn, Tübingen	Über die Wirkungsweise von Erbfaktoren
78	*Fréderic Ludwig, Paris*	Experimentelle Studien über die Distanzeffekte in bestrahlten vielzelligen Organismen
	A. H. W. Aten jr., Amsterdam	Die Anwendung radioaktiver Isotope in der chemischen Forschung
79	*Hans Herloff Inhoffen und Wilhelm Bartmann, Braunschweig*	Chemische Übergänge von Gallensäuren in cancerogene Stoffe und ihre möglichen Beziehungen zum Krebsproblem
	Rolf Danneel, Bonn	Entstehung, Funktion und Feinbau der Mitochondrien
80	*Max Born, Bad Pyrmont*	Der Realitätsbegriff in der Physik
81	*Joachim Wüstenberg, Gelsenkrichen*	Der gegenwärtige ärztliche Standpunkt zum Problem der Beeinflussung der Gesundheit durch Luftverunreinigungen
82	*Paul Schmidt, München*	Periodisch wiederholte Zündungen durch Stoßwellen
83	*Walter Kikuth, Düsseldorf*	Die Infektionskrankheiten im Spiegel historischer und neuzeitlicher Betrachtungen
84	*F. Rudolf Jung †, Aachen*	Die geodätische Erschließung Kanadas durch elektronische Entfernungsmessung
84a	*Hans-Ernst Schwiete, Aachen*	Ein zweites Steinzeitalter? – Gesteinshüttenkunde früher und heute
85	*Horst Rothe, Karlsruhe*	Der Molekularverstärker und seine Anwendung
	Roland Lindner, Göteborg	Atomkernforschung und Chemie, aktuelle Probleme
86	*Paul Denzel, Aachen*	Technische und wirtschaftliche Probleme der Energieumwandlung und -fortleitung
87	*Jean Capelle, Lyon*	Der Stand der Ingenieurausbildung in Frankreich
88	*Friedrich Panse, Düsseldorf*	Klinische Psychologie, ein psychiatrisches Bedürfnis
	Heinrich Kraut, Dortmund	Über die Deckung des Nährstoffbedarfs in Westdeutschland
89	*Wilhelm Bischof, Dortmund*	Materialprüfung – Praxis und Wissenschaft
90	*Edgar Rößger, Berlin*	Zur Analyse der auf angebotene tkm umgerechneten Verkehrsaufwendungen und Verkehrserträge im Luftverkehr
	Günther Ulbricht, Oberpfaffenhofen (Obb.)	Die Funknavigationsverfahren und ihre physikalischen Grenzen
91	*Franz Wever, Düsseldorf*	Das Schwert in Mythos und Handwerk
	Ernst Hermann Schulz, Dortmund	Über die Ergebnisse neuerer metallkundlicher Untersuchungen alter Eisenfunde und ihre Bedeutung für die Technik und die Archäologie

92	*Hermann Schenck, Aachen*	Wertung und Nutzung der wissenschaftlichen Arbeit am Beispiel des Eisenhüttenwesens
93	*Oskar Löbl, Essen*	Streitfragen bei der Kostenberechnung des Atomstroms
	Frederic de Hoffmann, San Diego (USA)	Ein neuer Weg zur Kostensenkung des Atomstroms. Das amerikanische Hochtemperaturprojekt (NTGR)
	Rudolf Schulten, Mannheim	Die Entwicklung des Hochtemperaturreaktors
94	*Gunther Lehmann, Dortmund*	Die Einwirkung des Lärms auf den Menschen
	Franz Josef Meister, Düsseldorf	Geräuschmessungen an Verkehrsflugzeugen und ihre hörpsychologische Bewertung
95	*Pierre Piganiol, Paris*	Probleme der Organisation der wissenschaftlichen Forschung
	Gaston Berger †, Paris	Die Akzeleration der Geschichte und ihre Folgen für die Erziehung
96	*Herwart Opitz, Aachen*	Technische und wirtschaftliche Aspekte der Automatisierung
	Joseph Mathieu, Aachen	Arbeitswissenschaftliche Aspekte der Automatisierung
97	*Stephan Prager, Düsseldorf*	Das deutsche Luftbildwesen
	Hugo Kasper, Heerbrugg (Schweiz)	Die Technik des Luftbildwesens
98	*Karl Oberdisse, Düsseldorf*	Aktuelle Probleme der Diabetesforschung
	H. D. Cremer, Gießen	Neue Gesichtspunkte zur Vitaminversorgung
99	*Hans Schwippert, Düsseldorf*	Über das Haus der Wissenschaften und die Arbeit des Architekten von heute
	Volker Aschoff, Aachen	Über die Planung großer Hörsäle
100	*Raymond Cheradame, Paris*	Aufgaben und Probleme des Instituts für Kohleforschung in Frankreich – Anforderungen an den wissenschaftlichen Nachwuchs in der Forschung und seine Ausbildung
	Marc Allard, † St. Germain-en-Laye	Das Institut für Eisenforschung in Frankreich und seine Probleme in der Eisenforschung
101	*Reimar Pohlman, Aachen*	Die neuesten Ergebnisse der Ultraschallforschung in Anwendung und Ausblick auf die moderne Technik
	E. Ahrens, Kiel	Schall und Ultraschall in der Unterwassernachrichtentechnik
102	*Heinrich Hertel, Berlin*	Grundlagenforschung für Entwurf und Konstruktion von Flugzeugen
103	*Franz Ollendorff, Haifa*	Technische Erziehung in Israel
104	*Hans Ferdinand Mayer, München*	Interkontinentale Nachrichtenübertragung mittels moderner Tiefseekabel und Satellitenverbindungen
105	*Wilhelm Krelle, Bonn*	Gelöste und ungelöste Probleme der Unternehmensforschung
	Horst Albach, Bonn	Produktionsplanung auf der Grundlage technischer Verbrauchsfunktionen
106	*Lord Hailsham, London*	Staat und Wissenschaft in einer freien Gesellschaft
107	*Richard Courant, New York; Frederic de Hoffmann, San Diego; Charles King Campbell, New York; John W. Tuthill, Paris*	Forschung und Industrie in den USA – ihre internationale Verflechtung
108	*André Voisin, Frankreich*	Über die Verbindung der Gesundheit des modernen Menschen mit der Gesundheit des Bodens
	Hans Braun, Bonn	Standort und Pflanzengesundheit
109	*Alfred Neuhaus, Bonn*	Höchstdruck-Hochtemperatur-Synthesen, ihre Methoden und Ergebnisse
	Rudolf Tschesche, Bonn	Chemie und Genetik
110	*Uichi Hashimoto, Tokyo*	Ein geschichtlicher Rückblick auf die Erziehung und die wissenschaftstechnische Forschung in Japan von der Meiji-Restauration bis zur Gegenwart
111	*Basil Schonland, Harwell*	Einige Gesichtspunkte über die friedlichen Verwendungsmöglichkeiten der Atomenergie

112	*Wilhelm Fucks, Aachen*	Über Arbeiten zur Hydromagnetik elektrisch leitender Flüssigkeiten, über Verdichtungsstöße und aus der Hochtemperaturplasmaphysik
	Hermann L. Jordan, Jülich	Erzeugung von Plasma hoher Temperatur durch magnetische Kompression
113	*Friedrich Becker, Bonn*	Vier Jahre Radioastronomie an der Universität Bonn
	Werner Ruppel, Rolandseck	Große Richtantennen
114	*Bernhard Rensch, Münster*	Gedächtnis, Abstraktion und Generalisation bei Tieren
115	*Hermann Flohn, Bonn*	Klimaschwankungen und großräumige Klimabeeinflussung
116	*Georg Hugel, Ville-D'Array*	Über Petrolchemie
117	*August Wilhelm Quick, Aachen*	Komponenten der Raumfahrt
	Georg Emil Knausenberger, Oberpfaffenhofen	Steuerung und Regelung in der Raumfahrttechnik
118	*Karl Steinbuch, Karlsruhe*	Über Kybernetik
	Wolf-Dieter Keidel, Erlangen	Kybernetische Systeme des menschlichen Organismus
119	*Walter Kikuth, Düsseldorf*	Die biologische Wirkung von staub- und gasförmigen Immissionen
	Franz Grosse-Brockhoff, Düsseldorf	Die Technik im Dienste moderner kardiologischer Diagnostik
120	*Milton Burton, Notre Dame, Ind., USA*	Energie-„Dissipation" in der Strahlenchemie
	GüntherO. Schenck, Mülheim (Ruhr)	Mehrzentren-Termination
121	*Fritz Micheel, Münster*	Synthese von Polysacchariden
	Paul F. Pelshenke, Detmold	Neuere Ergebnisse der Getreide- und Brotforschung
122	*Karl Steimel, Frankfurt (Main)*	Der Standort der Industrieforschung in Forschung und Technik
	Fritz Machlup, Princeton (USA)	Die Produktivität der naturwissenschaftlichen und technischen Forschung und Entwicklung
123	*Wassily Leontief, Cambridge (USA)*	Die multiregionale Input-Output-Analyse
	Rolf Wagenführ, Brüssel	Die multiregionale Input-Output-Analyse im Rahmen der EWG: Statistisch-methodologische Probleme
124	*Otto Robert Frisch, Cambridge (England)*	Die Elementarteilchen der Physik
	Wilhelm Fucks, Aachen	Mathematische Analyse von Formalstrukturen von Werken der Musik
125	*Max Delbrück, Köln-Pasadena (USA)*	Über Vererbungschemie
126	*Helmut Winterhager, Aachen*	Vakuum-Metallurgie auf dem Gebiet der Nichteisen-Metalle
	Rudolf Spolders, Essen	Anwendung der Vakuumbehandlung bei der Stahlerzeugung
127	*Werner Nestel, Ulm (Donau)*	Grenzen und Aussichten des Nachrichtenverkehrs
	Wolfgang Haack, Berlin	Beobachtung des Luftraumes durch automatische Verarbeitung der Informationen von Rundsichtgeräten mittels digitaler Rechenautomaten
128	*Martin Schmeisser, Aachen*	Neue Ergebnisse der Halogen-Chemie
	Karl Ziegler, Mülheim-Ruhr	Aus den neueren Arbeiten des Max-Planck-Instituts für Kohlenforschung, Mülheim-Ruhr
129	*Roger Makins, London*	Die Atomenergie im Vereinigten Königreich
	John Cockcroft, London	Die wissenschaftlichen und technischen Leistungen von Hochfluß-Forschungsreaktoren
130	*Stefan Meiring Naudé, Pretoria (Südafrika)*	Der Südafrikanische Forschungsrat für Wissenschaft und Industrie
131	*William P. Allis, Paris*	Langfristige Planung und Aufgaben der Atlantischen Zusammenarbeit auf verschiedenen Gebieten in Naturwissenschaft und Technik

132	*August-Wilhelm Quick, Aachen*	Die Bedeutung eines deutschen Beitrages zur Weltraumfahrt
133	*Jean Dieudonné, Paris*	Die Lieschen Gruppen in der modernen Mathematik
	Claus Müller, Aachen	Mathematische Probleme der modernen Wellenoptik
134	*Louis Bugnard, Paris*	Aufbau und Aufgaben des Institut National d'Hygiène, Paris, im Dienst der medizinischen Forschung
135	*Fritz Burgbacher, Köln*	Die Energiesituation in der Bundesrepublik und die Zukunftsaussichten der Kohle
	Willy Ochel, Dortmund	Der Wandel in der Stahlerzeugung und die Auswirkungen auf die Wirtschaft unseres Landes
136	*George McGhee, Bad Godesberg*	Natürliche Hilfsquellen der Welt: Die Situation heute und in der Zukunft The World's Natural Resources Position: Present and Future
137	*Heinrich Mandel, Essen*	Die Entwicklung der Stromerzeugungsmöglichkeiten und das unternehmerische Wagnis der Elektrizitätswirtschaft
138	*Volker Aschoff, Aachen*	Über das räumliche Hören
	Jürgen Aschoff, Erling-Andechs	Biologische Periodik als selbsterregte Schwingung
139	*Pierre Auger, Paris*	Die wissenschaftliche Forschung als internationale Aufgabe
	Eugen M. Knoernschild, Porz-Wahn (Rhld.)	Die Bedeutung der Plasma-Antriebe in der Raumfahrt
140	*Heinrich Niehaus, Bonn*	Aktuelle Fragen der Agrarpolitik im Rahmen der europäischen Integration
	Joseph Straub, Köln-Vogelsang	Probleme der Pflanzenzüchtung im neuen Europa
141	*Pierre Jacquinot, Paris*	Das Centre National de la Recherche Scientifique
	André Maréchal, Paris	Organisation und Politik der wissenschaftlichen Forschung in Frankreich
142	*Rudolf Hillebrecht, Hannover*	Die Auswirkungen des wirtschaftlichen und sozialen Strukturwandels auf den Städtebau
	Friedrich Tamms, Düsseldorf	Städtebau und Verkehr
143	*Otto Bayer, Leverkusen*	Die Rolle des Zufalls in der organischen Chemie
144	*Gunther Lehmann, Dortmund*	Die Arbeitsfähigkeit des Menschen im tropischen Klima
	Helmut J. Jusatz, Heidelberg	Die Bedeutung der Seuchenlage für die Entwicklung der Tropenländer
145	*Robert Gardellini, Paris*	Produktivität und französische Wirtschaft
	Hans H. Moll, Essen	Unterschiede in der Produktivität der Industrie-Wirtschaften in den verschiedenen Ländern und ihre Auswirkungen in den Volkswirtschaften aus der Sicht des Ingenieurs
146	*Heinz Goeschel, Erlangen*	Neue Entwicklungslinien in der Starkstromtechnik
147	*Edward Teller, Livermore (Californien)*	Die Situation der modernen Physik
148	*Julien Warter, Straßburg*	Reanimation verschiedener Krankheiten des Nervensystems
	Wilhelm Künzer, Freiburg i. Br.	Zur Physiologie der Blutgerinnung bei Neugeborenen
149	*Herbert Döring, Aachen*	Theorie und Anwendung des Lasers
150	*Ewald Wicke, Münster*	Die Ursachen der vielfältigen Lösungseigenschaften des Wassers
	Wilhelm Klemm, Münster	Aus einer Forschungsstätte der Anorganischen Chemie — Ergebnisse aus dem Anorganisch-Chemischen Institut der Universität Münster
151	*Otto Lutz, Braunschweig*	Probleme der Luft- und Raumfahrtantriebe
	Fritz A. F. Schmidt, Aachen	Energieumwandlung im Hochtemperaturgebiet bei Hochleistungstriebwerken und Raketen
152	*Heinz Unger, Bonn*	Elektronische Datenverarbeitungsanlagen und Automatentheorie
153	*Victor F. Weisskopf, Genf*	Die Zukunft der Elementarteilchenforschung
	Willibald Jentschke, Hamburg	Das Deutsche Elektronen-Synchrotron (DESY). Eigenschaften und Forschungsmöglichkeiten

154	*Karl Bungardt, Clausthal-Krefeld*	Entwicklung von Hochtemperaturlegierungen auf Kobalt- und Nickelbasis
	Franz Bollenrath, Aachen	Über Niobium, die Entwicklung und Anwendung von Nioblegierungen
155	*Carl Heinrich Dencker, Bonn*	Grenzen der Mechanisierung der Landwirtschaft
	Hans Georg Kmoch, Bonn	Die Entwicklung der Futterproduktion in den Savannengebieten Afrikas
156	*Karl Kaup, Düsseldorf*	Wandlungen in der Eisenerzversorgung der Nachkriegszeit
	Hermann Schenck, Aachen	Gegenwärtige Forschungs- und Entwicklungsaufgaben der Eisen- und Stahlerzeugung

AGF-G Heft Nr.		GEISTESWISSENSCHAFTEN
1	*Werner Richter †, Bonn*	Von der Bedeutung der Geisteswissenschaften für die Bildung unserer Zeit
	Joachim Ritter, Münster	Die Lehre vom Ursprung und Sinn der Theorie bei Aristoteles
2	*Josef Kroll, Köln*	Elysium
	Günther Jachmann, Köln	Die vierte Ekloge Vergils
3	*Hans Erich Stier, Münster*	Die klassische Demokratie
4	*Werner Caskel, Köln*	Lihyan und Lihyanisch. Sprache und Kultur eines früharabischen Königreiches
5	*Thomas Ohm †, Münster*	Stammesreligionen im südlichen Tanganjika-Territorium
6	*Georg Schreiber †, Münster*	Deutsche Wissenschaftspolitik von Bismarck bis zum Atomwissenschaftler Otto Hahn
7	*Walter Holtzmann †, Bonn*	Das mittelalterliche Imperium und die werdenden Nationen
8	*Werner Caskel, Köln*	Die Bedeutung der Beduinen in der Geschichte der Araber
9	*Georg Schreiber †, Münster*	Irland im deutschen und abendländischen Sakralraum
10	*Peter Rassow †, Köln*	Forschungen zur Reichs-Idee im 16. und 17. Jahrhundert
11	*Hans Erich Stier, Münster*	Roms Aufstieg zur Weltmacht und die griechische Welt
12	*Karl Heinrich Rengstorf, Münster*	Mann und Frau im Urchristentum
	Hermann Conrad, Bonn	Grundprobleme einer Reform des Familienrechtes
13	*Max Braubach, Bonn*	Der Weg zum 20. Juli 1944. Ein Forschungsbericht
15	*Franz Steinbach †, Bonn*	Der geschichtliche Weg des wirtschaftenden Menschen in die soziale Freiheit und politische Verantwortung
16	*Josef Koch, Köln*	Die Ars coniecturalis des Nikolaus von Kues
17	*James B. Conant, USA*	Staatsbürger und Wissenschaftler
	Karl Heinrich Rengstorf, Münster	Antike und Christentum
19	*Fritz Schalk, Köln*	Das Lächerliche in der französischen Literatur des Ancien Régime
20	*Ludwig Raiser, Tübingen*	Rechtsfragen der Mitbestimmung
21	*Martin Noth, Bonn*	Das Geschichtsverständnis der alttestamentlichen Apokalyptik
22	*Walter F. Schirmer, Bonn*	Glück und Ende der Könige in Shakespeares Historien
23	*Günther Jachmann, Köln*	Der homerische Schiffskatalog und die Ilias (erschienen als wissenschaftliche Abhandlung)
24	*Theodor Klauser, Bonn*	Die römische Petrustradition im Lichte der neuen Ausgrabungen unter der Peterskirche
25	*Hans Peters, Köln*	Die Gewaltentrennung in moderner Sicht
28	*Thomas Ohm †, Münster*	Die Religionen in Asien
29	*Johann Leo Weisgerber, Bonn*	Die Ordnung der Sprache im persönlichen und öffentlichen Leben
30	*Werner Caskel, Köln*	Entdeckungen in Arabien
31	*Max Braubach, Bonn*	Landesgeschichtliche Bestrebungen und historische Vereine im Rheinland
32	*Fritz Schalk, Köln*	Somnium und verwandte Wörter in den romanischen Sprachen
33	*Friedrich Dessauer, Frankfurt*	Reflexionen über Erbe und Zukunft des Abendlandes
34	*Thomas Ohm †, Münster*	Ruhe und Frömmigkeit. Ein Beitrag zur Lehre von der Missionsmethode
35	*Hermann Conrad, Bonn*	Die mittelalterliche Besiedlung des deutschen Ostens und das Deutsche Recht
36	*Hans Sckommodau, Köln*	Die religiösen Dichtungen Margaretes von Navarra
37	*Herbert von Einem, Bonn*	Der Mainzer Kopf mit der Binde
38	*Joseph Höffner, Münster*	Statik und Dynamik in der scholastischen Wirtschaftsethik
39	*Fritz Schalk, Köln*	Diderots Essai über Claudius und Nero
40	*Gerhard Kegel, Köln*	Probleme des internationalen Enteignungs- und Währungsrechts
41	*Johann Leo Weisgerber, Bonn*	Die Grenzen der Schrift – Der Kern der Rechtschreibreform
43	*Theodor Schieder, Köln*	Die Probleme des Rapallo-Vertrags. Eine Studie über die deutsch-russischen Beziehungen 1922–1926
44	*Andreas Rump, Köln*	Stilphasen der spätantiken Kunst

45	*Ulrich Luck, Münster*	Kerygma und Tradition in der Hermeneutik Adolf Schlatters
46	*Walter Holtzmann †, Bonn*	Das deutsche historische Institut in Rom
	Graf Wolff Metternich, Rom	Die Bibliotheca Hertziana und der Palazzo Zuccari zu Rom
47	*Harry Westermann, Münster*	Person und Persönlichkeit als Wert im Zivilrecht
49	*Friedrich Karl Schumann †, Münster*	Mythos und Technik
52	*Hans J. Wolff, Münster*	Die Rechtsgestalt der Universität
53	*Josef Pieper, Münster*	Über den Philosophie-Begriff Platons
54	*Max Braubach, Bonn*	Der Einmarsch deutscher Truppen in die entmilitarisierte Zone am Rhein im März 1936. Ein Beitrag zur Vorgeschichte des zweiten Weltkrieges
55	*Herbert von Einem, Bonn*	Die „Menschwerdung Christi" des Isenheimer Altares
56	*Ernst Joseph Cohn, London*	Der englische Gerichtstag
57	*Albert Woopen, Aachen*	Die Zivilehe und der Grundsatz der Unauflöslichkeit der Ehe in der Entwicklung des italienischen Zivilrechts
58	*Parl Kerényi, Ascona*	Die Herkunft der Dionysosreligion nach dem heutigen Stand der Forschung
59	*Herbert Jankuhn, Göttingen*	Die Ausgrabungen in Haithabu und ihre Bedeutung für die Handelsgeschichte des frühen Mittelalters
60	*Stephan Skalweit, Bonn*	Edmund Burke und Frankreich
62	*Anton Moortgat, Berlin*	Archäologische Forschungen der Max-Freiherr-von-Oppenheim-Stiftung im nördlichen Mesopotamien 1955
63	*Joachim Ritter, Münster*	Hegel und die französische Revolution
66	*Werner Conze, Heidelberg*	Die Strukturgeschichte des technisch-industriellen Zeitalters als Aufgabe für Forschung und Unterricht
67	*Gerhard Hess, Bad Godesberg*	Zur Entstehung der „Maximen" La Rochefoucaulds
69	*Ernst Langlotz, Bonn*	Der triumphierende Perseus
70	*Geo Widengren, Uppsala*	Iranisch-semitische Kulturbegegnung in parthischer Zeit
71	*Josef M. Wintrich †, Karlsruhe*	Zur Problematik der Grundrechte
72	*Josef Pieper, Münster*	Über den Begriff der Tradition
73	*Walter F. Schirmer, Bonn*	Die frühen Darstellungen des Arthurstoffes
74	*William Lloyd Prosser, Berkeley*	Kausalzusammenhang und Fahrlässigkeit
75	*Johann Leo Weisgerber, Bonn*	Verschiebung in der sprachlichen Einschätzung von Menschen und Sachen (erschienen als wissenschaftliche Abhandlung)
76	*Walter H. Bruford, Cambridge*	Fürstin Gallitzin und Goethe. Das Selbstvervollkommnungsideal und seine Grenze
77	*Hermann Conrad, Bonn*	Die geistigen Grundlagen des Allgemeinen Landrechts für die preußischen Staaten von 1794
78	*Herbert von Einem, Bonn*	Asmus Jacob Carsten, Die Nacht mit ihren Kindern
79	*Paul Gieseke, Bad Godesberg*	Eigentum und Grundwasser
80	*Werner Richter †, Bonn*	Wissenschaft und Geist in der Weimarer Republik
81	*Joh. Leo Weisgerber, Bonn*	Sprachenrecht und europäische Einheit
82	*Otto Kirchheimer, New York*	Gegenwartsprobleme der Asylgewährung
83	*Alexander Knur, Bad Godesberg*	Probleme der Zugewinngemeinschaft
84	*Helmut Coing, Frankfurt*	Die juristischen Auslegungsmethoden und die Lehren der allgemeinen Hermeneutik
85	*André George, Paris*	Der Humanismus und die Krise der Welt von heute
86	*Harald von Petrikovits, Bonn*	Das römische Rheinland. Archäologische Forschungen seit 1945
87	*Franz Steinbach †, Bonn*	Ursprung und Wesen der Landgemeinde nach rheinischen Quellen
88	*Jost Trier, Münster*	Versuch über Flußnamen
89	*C. R. van Paassen, Amsterdam*	Platon in den Augen der Zeitgenossen
90	*Pietro Quaroni, Rom*	Die kulturelle Sendung Italiens
91	*Theodor Klauser, Bonn*	Christlicher Märtyrerkult, heidnischer Heroenkult und spätjüdische Heiligenverehrung
92	*Herbert von Einem, Bonn*	Karl V. und Tizian
93	*Friedrich Merzbacher, München*	Die Bischofsstadt

94	*Martin Noth, Bonn*	Die Ursprünge des alten Israel im Licht neuer Quellen
95	*Hermann Conrad, Bonn*	Rechtsstaatliche Bestrebungen im Absolutismus Preußens und Österreichs am Ende des 18. Jahrhunderts
96	*Helmut Schelsky, Münster*	Der Mensch in der wissenschaftlichen Zivilisation
97	*Joseph Höffner, Münster*	Industrielle Revolution und religiöse Krise. Schwund und Wandel des religiösen Verhaltens in der modernen Gesellschaft
98	*James Boyd, Oxford*	Goethe und Shakespeare
99	*Herbert von Einem, Bonn*	Das Abendmahl des Leonardo da Vinci
100	*Ferdinand Elsener, Tübingen*	Notare und Stadtschreiber. Zur Geschichte des schweizerischen Notariats
101	*Ivor Jennings, Cambridge (England)*	Die Umwandlung von Geschichte in Gesetz
102	*Ahasver v. Brandt, Lübeck*	Die Hanse und die nordischen Mächte im Mittelalter
103	*Gerhard Kegel, Köln*	Die Grenze von Qualifikation und Renvoi im internationalen Verjährungsrecht
104	*Heinz-Dietrich Wendland, Münster*	Der Begriff Christlich-sozial. Seine geschichtliche und theologische Problematik
105	*Joh. Leo Weisgerber, Bonn*	Grundformen sprachlicher Weltgestaltung
106	*Herbert von Einem, Bonn*	Das Stützengeschoß der Pisaner Domkanzel. Gedanken zum Alterswerk des Giovanni Pisano
107	*Kurt Weitzmann, Princeton (USA)*	Geistige Grundlagen und Wesen der Makedonischen Renaissance
108	*Max Horkheimer, Frankfurt (Main)*	Über das Vorurteil
109	*Hans Peters, Köln*	Das Recht auf die freie Entfaltung der Persönlichkeit in der höchstrichterlichen Rechtsprechung
110	*Edward Fellowes, London*	Die Kontrolle der Exekutive durch das britische Unterhaus
111	*Ludwig Raiser, Tübingen*	Die Aufgaben des Wissenschaftsrates
112	*Mario Montanari, Imola/Bologna (Italien)*	Die geistigen Grundlagen des Risorgimento
113	*Josef Pieper, Münster*	Über das Phänomen des Festes
114	*Werner Caskel, Köln*	Der Felsendom und die Wallfahrt nach Jerusalem
115	*Hubert Jedin, Bonn*	Strukturprobleme der Ökumenischen Konzilien
116	*Gerhard Hess, Bad Godesberg*	Die Förderung der Forschung und die Geisteswissenschaften
117	*Ludwig Voelkl, Rom*	Die Kirchenstiftungen des Kaisers Konstantin im Lichte des römischen Sakralrechts
118	*Walther Hubatsch, Bonn und Percy Ernst Schramm, Göttingen*	Die deutsche militärische Führung in der Kriegswende (Das Kulminationsjahr 1943 – Das Ende des Krieges)
119	*Theodor Schieder, Köln*	Der Nationalstaat in Europa als historisches Phänomen
120	*Eleanor von Erdberg-Consten, Aachen*	Kunst und Religion in Indien, China und Japan
121	*Jean Daniélou, Paris*	Das Judenchristentum und die Anfänge der Kirche
122	*Franz Wieacker, Göttingen*	Zum heutigen Stand der Naturrechtsdiskussion
123	*Bernhard Kötting, Münster (Westf.)*	Der frühchristliche Reliquienkult und die Bestattung im Kirchengebäude
124	*Günther Stökl, Köln*	Das Bild des Abendlandes in den altrussischen Chroniken
125	*Joseph Höffner Münster (Westf.)*	Selbstverständnis und Perspektiven des Zweiten Vatikanischen Konzils
126	*Jost Trier Münster (Westf.)*	Wortgeschichten aus alten Gemeinden
128	*Hans Welzel, Bonn*	An den Grenzen des Rechts. Die Frage nach der Rechtsgeltung

AGF-WA Band Nr.		WISSENSCHAFTLICHE ABHANDLUNGEN
1	*Wolfgang Priester, Hans-Gerhard Bennewitz und Peter Lengrüßer, Bonn*	Radiobeobachtungen des ersten künstlichen Erdsatelliten
2	*Joh. Leo Weisgerber, Bonn*	Verschiebungen in der sprachlichen Einschätzung von Menschen und Sachen
3	*Erich Meuthen, Marburg*	Die letzten Jahre des Nikolaus von Kues
4	*Hans-Georg Kirchhoff, Rommerskirchen*	Die staatliche Sozialpolitik im Ruhrbergbau 1871–1914
5	*Günther Jachmann, Köln*	Der homerische Schiffskatalog und die Ilias
6	*Peter Hartmann, Münster*	Das Wort als Name (Struktur, Konstitution und Leistung der benennenden Bestimmung)
7	*Anton Moortgat, Berlin*	Archäologische Forschungen der Max-Freiherr-von-Oppenheim-Stiftung im nördlichen Mesopotamien 1956
8	*Wolfgang Priester und Gerhard Hergenhahn, Bonn*	Bahnbestimmung von Erdsatelliten aus Doppler-Effekt-Messungen
9	*Harry Westermann, Münster*	Welche gesetzlichen Maßnahmen zur Luftreinhaltung und zur Verbesserung des Nachbarrechts sind erforderlich?
10	*Hermann Conrad und Gerd Kleinheyer ,Bonn*	Carl Gottlieb Svarez (1746–1798) – Vorträge über Recht und Staat
11	*Georg Schreiber †, Münster*	Die Wochentage im Erlebnis der Ostkirche und des christlichen Abendlandes
12	*Günther Bandmann, Bonn*	Melancholie und Musik. Ikonographische Studien
13	*Wilhelm Goerdt, Münster*	Fragen der Philosophie. Ein Materialbeitrag zur Erforschung der Sowjetphilosophie im Spiegel der Zeitschrift „Voprosy Filosofii" 1947–1956
14	*Anton Moortgat, Berlin*	Tell Chuēra in Nordost-Syrien. Vorläufiger Bericht über die Grabung 1958
15	*Gerd Dicke, Krefeld*	Der Identitätsgedanke bei Feuerbach und Marx
16a	*Helmut Gipper, Bonn, und Hans Schwarz, Münster*	Bibliographisches Handbuch zur Sprachinhaltsforschung, Teil I (Erscheint in Lieferungen)
17	*Thea Buyken, Bonn*	Das römische Recht in den Constitutionen von Melfi
18	*Lee E. Farr, Brookhaven, Hugo Wilhelm Knipping, Köln, und William H. Lewis, New York*	Nuklearmedizin in der Klinik. Symposion in Köln und Jülich unter besonderer Berücksichtigung der Krebs- und Kreislaufkrankheiten
19	*Hans Schwippert, Düsseldorf Volker Aschoff, Aachen, u. a.*	Das Karl-Arnold-Haus. Haus der Wissenschaften der AGF des Landes Nordrhein-Westfalen in Düsseldorf. Planungs- und Bauberichte (Herausgegeben von Leo Brandt, Düsseldorf)
20	*Theodor Schieder, Köln*	Das deutsche Kaiserreich von 1871 als Nationalstaat
21	*Georg Schreiber †, Münster*	Der Bergbau in Geschichte, Ethos und Sakralkultur
22	*Max Braubach, Bonn*	Die Geheimdiplomatie des Prinzen Eugen von Savoyen
23	*Walter F. Schirmer, Bonn, und Ulrich Broich, Göttingen*	Studien zum Literarischen Patronat im England des 12. Jahrhunderts
24	*Anton Moortgat, Berlin*	Tell Chuēra in Nordost-Syrien. Vorläufiger Bericht über die dritte Grabungskampagne 1960
25	*Margarete Newels, Bonn*	Poetica de Aristoteles traducida de latin. Ilustrada y comentada por Juan Pablo Mártir Rizo. (Erste kritische Ausgabe des spanischen Textes.)
26	*Vilho Niitemaa, Turku, Pentti Renvall, Helsinki, Erich Kunze, Helsinki, und Oscar Nikula, Åbo*	Finnland – gestern und heute

27	*Ahasver von Brandt, Heidelberg* *Paul Johansen, Hamburg* *Hans van Werveke, Gent* *Kjell Kumlien, Stockholm* *Hermann Kellenbenz, Köln*	Die Deutsche Hanse als Mittler zwischen Ost und West
28	*Hermann Conrad, Gerd Kleinheyer, Thea Buyken und Martin Herold, Bonn*	Recht und Verfassung des Reiches in der Zeit Maria Theresias. Die Vorträge zum Unterricht des Erzherzogs Joseph im Natur- und Völkerrecht sowie im Deutschen Staats- und Lehnrecht
29	*Erich Dinkler, Heidelberg*	Das Apsismosaik von S. Apollinare in Classe
30	*Hermann Conrad, Bonn* *Walther Hubatsch, Bonn* *Bernhard Stasiewski, Bonn* *Reinhard Wittram, Göttingen* *Ludwig Petry, Mainz und* *Erich Keyser, Marburg/Lahn*	Deutsche Universitäten und Hochschulen im Osten
31	*Anton Moortgat, Berlin*	Tell Chuēra in Nordost-Syrien. Bericht über die vierte Grabungskampagne 1963
32	*Albrecht Dihle, Köln*	Umstrittene Daten. Untersuchungen zum Auftreten der Griechen am Roten Meer
33	*Heinrich Behnke und Klaus Kopfermann (Hsgb.), Münster/Westf.*	Festschrift zur Gedächtnisfeier für Karl Weierstraß 1815–1965

Sonderreihe
PAPYROLOGICA COLONIENSIA

Vol. I *Aloys Kehl*	Der Psalmenkommentar von Tura, Quaternio IX (Pap. Colon. Theol. 1)

SONDERVERÖFFENTLICHUNGEN

18 neue Forschungsstellen im Land Nordrhein-Westfalen, herausgegeben von *Leo Brandt*

Wissenschaft in Not, herausgegeben von *Leo Brandt*

Jahresfeier 1956 der Arbeitsgemeinschaft für Forschung; *Gunther Lehmann*, Dortmund
Arbeit bei hohen Temperaturen, zusammen mit:
Hans Kauffmann, Berlin
Italienische Frührenaissance

Jahresfeier 1960 der Arbeitsgemeinschaft für Forschung; *Theodor Klauser*, Bonn
Christlicher Märtyrerkult, heidnischer Hereonkult und spätjüdische Heiligenverehrung, zusammen mit:
Hermann Schenck, Aachen
Wertung und Nutzen der wissenschaftlichen Arbeit am Beispiel des Eisenhüttenwesens

Aufgaben Deutscher Forschung, zusammengestellt und herausgegeben von *Leo Brandt*
Band 1 Geisteswissenschaften · Band 2 Naturwissenschaften
Band 3 Technik · Band 4 Tabellarische Übersichten zu den Bänden 1–3

Festschrift der Arbeitsgemeinschaft für Forschung des Landes Nordrhein-Westfalen zu Ehren des Herrn Ministerpräsidenten *Karl Arnold* anläßlich des fünfjährigen Bestehens am 5. Mai 1955

Jahrbuch 1963 des Landesamtes für Forschung
Herausgeber: Der Ministerpräsident des Landes Nordrhein-Westfalen — Landesamt für Forschung —

Jahrbuch 1964 des Landesamtes für Forschung
Herausgeber: Der Ministerpräsident des Landes Nordrhein-Westfalen — Landesamt für Forschung —

Jahrbuch 1965 des Landesamtes für Forschung
Herausgeber: Der Ministerpräsident des Landes Nordrhein-Westfalen — Landesamt für Forschung —

GPSR Compliance

The European Union's (EU) General Product Safety Regulation (GPSR) is a set of rules that requires consumer products to be safe and our obligations to ensure this.

If you have any concerns about our products, you can contact us on ProductSafety@springernature.com

In case Publisher is established outside the EU, the EU authorized representative is:

Springer Nature Customer Service Center GmbH
Europaplatz 3
69115 Heidelberg, Germany

Batch number: 10809636

Printed by Printforce, the Netherlands